AF524638

Herstellung und Verlag: BoD – Books on Demand, Norderstedt
ISBN: 9783751994514

Coverbild: © Etienne Boulanger/unsplash.com
Buchlayout: Laura Werksnies

Bibliografische Information der Deutschen Nationalbibliothek:
Die Deutsche Nationalbibliothek verzeichnet diese Publikation in der Deutschen Nationalbibliografie; detaillierte bibliografische Daten sind im Internet über dnb.dnb.de abrufbar.

Das Alleinsein-Einsamkeit-Paradox

Persönliche und gesellschaftskritische Beobachtungen

Cordula Reimann

Inhaltsverzeichnis

Vorwort 3

Einleitung 7

Warum dieses Buch 7

Wie dieses Buch enstanden ist 10

Wie dieses Buch gelesen werden kann
(oder auch eben nicht) 14

Begrifflichkeiten 14

Mein Verständnis der beiden Begriffe 19

Das Ausmaß von Alleinsein und Einsamkeit 22

Einsamkeit - die Epidemie im Verborgenen 32

Pathologisierung von Einsamkeit 39

Fünf Thesen über Alleinsein und Einsamkeit 52

**Kapitel 1: Einsamkeit und Alleinsein als
Lebensbegleiter 55**

Erinnerungen an Einsamkeit 56

Erinnerungen als Einzelgängerin 58

Erinnerungen als Kriegsenkelin 62

Kapitel 2: Überwindung von Einsamkeit als Menschheitsaufgabe 70

Zugehörigkeit zu anderen ist überlebenswichtig 72

Der Mensch ist ein soziales Wesen.. 77

Angst vor dem Alleinsein und der Einsamkeit 80

Kapitel 3: Ist Einsamkeit universell?............................... 86

Alleinsein und Einsamkeit - kulturell konnotiert und sanktioniert 87

Sind Frauen einsamer als Männer? 96

Kapitel 4: Alleinsein als Prävention vor Einsamkeit 102

Einsamkeit in einer Spaßgesellschaft?.................................104

Lernen, gerne allein zu sein 109

Implikationen für Erziehung und beruflichen Alltag 123

Kapitel 5: Einsamkeit ist keine Krankheit 128

Alleinsein als Privileg 132

Alleinsein und Einsamkeit als gesellschaftspolitische Spiegel 137

Literatur 155

Vorwort

Beim Ausbruch der Pandemie COVID-19 Anfang 2020 war das Buchmanuskript eigentlich schon abgeschlossen. Als ich das Buch in den letzten Jahren schrieb, war in keiner Weise abzusehen, dass Alleinsein und Einsamkeit angesichts politisch verordneter physischer Distanz, Quarantäne und Isolation eine so ganz andere Bedeutung bekommen würden.
Ich habe COVID-19 zum Anlass genommen, die wichtigsten Thesen zu aktualisieren und an einigen Stellen anzupassen. An der grundlegenden Argumentation habe ich festgehalten, nicht zuletzt auch weil sie trotz der Pandemie nicht an Aktualität eingebüßt hat.

Die Pandemie, Alleinsein und Einsamkeit haben vielleicht mehr gemeinsam als uns lieb ist. Die auffälligste Gemeinsamkeit scheint, dass die drei Zustände alle Menschen – unabhängig von Geschlecht, Alter, sozialem Status, ethischer Zugehörigkeit und sexueller Zugehörigkeit – betreffen können. Einsamkeit, Alleinsein und Pandemie sind *Gleichmacher* einer Gesellschaft – zumindest vordergründig.

Wie komplex, widersprüchlich und paradox Alleinsein und Einsamkeit bei genauer Betrachtung sind, ist mir nicht zuletzt auch während der Diskussionen und Befragungen weltweit, vor allem aber in Deutschland, Österreich, Großbritannien, Syrien und der Schweiz, aufgefallen.

All den über 150 Interviewteilnehmenden gilt mein großer Dank – namentlich erwähnen darf ich Salam Alawie, Ranya Assassa, Catrina B., Danny Burns, Racha Chamoun, Janine Chittka, Clémentine D., Ankica Dragin, Ute Marianne Düsseldorf, Anne-Marie E., Natalie Ehrenzweig, Katharina E., Björn Eser, Tatjana Fuhrmann, Tobias Denskus, Joshua G., Daniza Grabitz, Andrea Gros, Ursula G., Simone Greminger, Hanny Haller, Kelly Heyes, Akira Hokamura, Aleem Ahmad Khan, Cathérine K., Peeyusha Keiser, Sara Modalal, Cecilia Milesi, Michaela Nagl, Ulrike Neufeld, Anna P., Jina Park, Sandra Pfluger, Christan R., Dalilah Reuben-Shemia, Heike Richter, Tom S., Carola Schneiders, Bettina Schulz, Karin Schwenzner, Medet Suleimen, Anette Schwitzke, Ulrike Stöhring, Tatian, Tomas, Katrin Ücker, Firuza Umarova, Johanna Vögeli, Ute V., Marie W., Julian W. und Cathérine Zaun-Stocker.
Der Kreis der Befragten war so heterogen wie die Länder und Orte, in denen ich das Buch geschrieben habe: Teile des Buches sind in meinen persönlichen Lieblingsgegenden in der Schweiz, in Barcelona, Strasbourg, Brighton, Costa Rica und in meiner Heimatstadt Wuppertal verfasst worden. Diese Orte – und Fremde, die zu Freunden wurden – haben mich inspiriert.

Herzlichen Dank an Natalie Ehrenzweig, Karolin Eva Kappler, Hannah Prinz, Mark Moser, Natalie Trummer und Johanna Vögeli, die erste Teile des Manuskriptes gelesen und kommentiert haben. Und natürlich auch einen großen Dank an Vera Heyes-Johannsen, Kerstin Heine, Natalie Ehrenzweig und Kathrin Jehle, die mich mit diversen Artikeln, Liedern und Veranstaltungstipps zum Thema beglückt und begleitet haben.

Ich danke meinen Freundinnen Vera, Ulrike, Hannah, Johanna, Andrea, Nati, Kerstin, Frauke und Martina für ihre Freundschaft und mehrere Diskussionen zum Thema Alleinsein und Einsamkeit – und ohne Nati und Kerstin gäbe es dieses Buch in dieser Form wahrscheinlich (noch) nicht.

Mein größter Dank – auch für den Buchtitel – gilt meinem Partner Danny Burns "while we may be alone, we will never be lonely."

Falls Sie mir Ihre Gedanken und Ideen zum Thema oder zum Buch mitteilen möchten, freue ich mich, von Ihnen zu hören. Meine Kontaktdaten finden Sie hier www.corechange.ch und www.corechange-coaching.ch .

Brighton & Langenthal, Juni 2020

Einleitung

Vor einigen Jahren an einem lauen Sommerabend in Bern: Ein entspannter Abend unter Freunden, es wird gelacht und geredet, ein Wirrwarr von Stimmen und Geräuschen. Die Gastgeberin schaut mich an und fragt „Und was machst du jetzt so?“. „Ich schreibe ein Buch zum Thema Einsamkeit“, antworte ich.
Es wird ruhiger, sehr ruhig, und die Gastgeberin fragt sichtlich nachdenklich „Oh, warum?”. Ich fange an zu erzählen und nehme in den Blicken der Freunde eine Mischung aus Irritation, Beklommenheit und diffuser Neugierde wahr. Später in der Küche nimmt die Gastgeberin mich zur Seite, redet auffällig leise und schaut mich nachdenklich mit ernster Miene an: „Vielleicht musst du mal wieder mehr ausgehen und mit anderen wegfahren – so viel Alleinsein ist ja nicht gesund.“
Irritiert schaue ich sie an und suche nach Worten und einer treffenden Antwort. Ein dumpfes Gefühl von Einsamkeit überkommt mich – dieses ungute Kribbeln in der Magengegend und dieser bittere Beigeschmack der Wahrheit, die mir anscheinend verdeutlichen wollen, *ich gehöre hier nicht hin.*

Warum dieses Buch

So wie meinen Freunden, will ich auch Ihnen die Antwort auf die Frage nach dem Warum nicht vorenthalten. Die unmittelbare und offensichtliche Motivation für dieses Buch resultiert aus dem Zusammenspiel von drei persönlichen Ereignissen und dem begleitenden nagenden Gefühl von tiefer und schmerzhafter Einsamkeit: der sehr plötzliche und relativ frühe Tod meiner Mutter, die Trennung von meinem depressiven, damaligen Ehemann und das Akzeptieren meiner Kinderlosigkeit. Bei genauerem Nachspüren wurde mir schnell klar, dass Einsamkeit und Alleinsein mich schon viel länger auf verschiedenen Ebenen beschäftigten (siehe Kapitel 1).

Ich kenne Einsamkeit seit ich denken kann – Einsamkeit als tiefes und gleichzeitig diffuses Gefühl von Anderssein, des *Nichtgesehenwerdens* und des *Abgeschiedenseins* – mal präsenter, mal schmerzhafter und mal als melancholische Grundstimmung. Meistens fühlte ich mich einsam in Gruppen, seltener wenn ich allein unterwegs war. Mein Gefühl von Einsamkeit fühlte sich besonders schmerzhaft in vermeintlicher trauter Zweisamkeit an. Ich habe lernen dürfen, dass Einsamkeit auch entstehen kann, wenn man seinen ganz eigenen Weg geht – fernab von dem gesellschaftlichen Mainstream und vorgegebenen und tradierten Geschlechterrollen und Lebensmodellen (siehe Kapitel 1). Gleichzeitig liebte ich es immer allein zu sein, allein zu reisen und allein zu wandern. Je älter ich wurde, umso mehr nahm ich wahr, dass über Einsamkeit nicht wirklich geredet wurde und längeres Alleinsein ohne Partner erklärungsbedürftig und als nicht normal galt.

Das Buch möchte zu einer persönlich und öffentlich differenzierten Auseinandersetzung zu den Themen Alleinsein und Einsamkeit beitragen: Ich möchte ermutigen, Alleinsein und Einsamkeit als wichtige Lebensbegleiter zu sehen – und Lust machen, sich auf sie einzulassen. Und so Alleinsein und Einsamkeit als wichtige Lebensprinzipien aufzuwerten, denen sich jeder Mensch – in und außerhalb von Liebesbeziehungen, Freundschaften und Familien – bewusst stellen sollte, um lebendig und selbstbestimmt leben zu können.

Hier wird weder dem Hedonismus das Wort geredet noch einem Egoismus, in dem sich alles um die Genuss- und Spaßmaximierung sowie Selbstoptimierung der/s Einzelnen dreht. Das Ziel ist nicht eine Gesellschaft von Hedonist*innen, die zum asozialen Wesen verkümmern, unfähig auf andere zuzugehen und Empathie zu entwickeln. Gesunde Empathie beinhaltet das Alleinsein und die eigene Einsamkeit als wichtige Ressourcen des Lebens anzuerkennen und zu lernen, sie in das eigene Leben zu integrieren.

So ist das Buch auch eine Einladung mit dem eigenen Alleinsein und der Einsamkeit ehrlich umzugehen und sich selber auszuhalten. Das bewusste Erleben und Aushalten des eigenen Ichs ermöglicht nicht nur ein freies und eigenständiges Leben, sondern auch einen ehrlicheren und bewussteren Zugang zu den eigenen Zweifeln, Ängsten und Schattenenergien.

Eine meiner Hauptthesen ist deshalb auch ein scheinbares Paradox: Ein bewusstes und achtsames Leben und Erleben von *Alleinsein* ist die beste Art der *Prävention* vor *Einsamkeit*. Alleinsein, verstanden als wichtiger Prozess und persönliche Ressource, die ermöglichen, sich über seine eigenen Wünsche, Ängste und Bedürfnisse bewusst zu werden: Was oder wer tut mir gut, welche Art von sozialen Kontakten brauche ich, und welche Menschen und Situationen nehmen mir Energie und Kraft? Das bedeutet zu Ende gedacht auch: Je früher wir lernen, mit dem Alleinsein umzugehen, umso mehr verfügen wir auch über eine gesunde und *selbstbestimmte Prophylaxe vor Einsamkeit*.

Gleichzeitig sind Alleinsein und Einsamkeit nicht nur persönliche Gefühle und Zustände, sondern auch immer Spiegelbild sozialer und politischer Entwicklungen. Wie wir mit beiden Phänomenen gesellschaftlich umgehen, sagt viel über uns als (post)moderne Gesellschaft und Wertegemeinschaft aus. Somit wirft das Buch auch sozialkritische und philosophische Fragestellungen auf, wie aktuell gesellschaftlich und politisch mit den Themen Alleinsein und Einsamkeit in westlichen Ländern umgegangen wird und wessen Interessen damit bedient werden (siehe Kapitel 5).

Alleinsein und Einsamkeit sind sehr vielschichtige und komplexe Phänomene. Das Buch spiegelt einen Teil dieser Komplexität wider, hat aber nicht den Anspruch, allen Aspekten gleich gerecht zu werden. Die Schwerpunktsetzung ergibt sich aus meiner Lesart der aktuellen Literatur zu diesem Thema, meinem persönlichen und politischen Interesse und den Inhalten der Interviews, die ich für dieses Buch geführt habe. Viele Bereiche werden entweder nur erwähnt oder gar nicht diskutiert – nicht weil sie gesellschaftlich weniger bedeutend sind, sondern, weil sie den Rahmen des Buches sprengen würden: Dazu gehört die Einsamkeit unter Kindern und Jugendlichen, Trans*Individuen, Geflüchteten, Führungspersonal in Politik und Wirtschaft, bekannten Persönlichkeiten aus Kunst, Film und Fernsehen, Kranken, Obdachlosen und Gefängnisinsassen.

Der Inhalt ist in fünf Kernthesen zusammengefasst. Diese Thesen sollen provozieren und sind eine Einladung, über das Alleinsein und die Einsamkeit neu oder anders zu denken.

Wie dieses Buch entstanden ist

Drei sehr persönliche Ereignisse in einem halben Jahr (der sehr plötzliche Tod meiner Mutter, die Trennung von meinem depres-

siven Ehemann und das Akzeptieren meiner Kinderlosigkeit) waren Lebensabschnitte, die mich zwangen, mich mit der eigenen Einsamkeit verstärkt auseinanderzusetzen.
Ich begann, viel über Einsamkeit zu lesen, nachzuspüren, zu meditieren (wenn auch nicht sehr erfolgreich) und irgendwie ließ mich das Thema nicht mehr los. Nach einem Gespräch mit einer guten Freundin, stand eines Tages unter der Dusche – wo mir oft neue Ideen kommen – fest, ich muss dieses Buch einfach schreiben.

In den letzten Jahren habe ich unzählige Bücher zum Thema Einsamkeit verschlungen und die aktuelle Einsamkeitsforschung verfolgt.
Lange habe ich mit mir gehadert, wie persönlich das Buch werden soll – auch gerade, weil es sich um kein Selbsthilfebuch handeln sollte. Mir wurde relativ schnell klar, dass ich kein Buch über Einsamkeit und Alleinsein schreiben kann, ohne meine eigene Betroffenheit zu schildern. Es war ein kontinuierliches innerliches Ringen – mal rationaler, mal emotionaler – wie offen und ehrlich ich über sehr persönliche Erfahrungen von Einsamkeit schreiben will. Nicht zuletzt auch, weil ich mich damit sehr verletzbar mache. Am Ende habe ich mich von meiner Intuition leiten lassen, die *richtige Dosis* von Emotionalität und Sachlichkeit und damit eine stimmige Balance von biographischen, sozialen und politischen Aspekten zu treffen.
Zu dieser richtigen Dosis haben auch die Interessierten aus verschiedenen Teilen der Welt – primär aus dem Nahen Osten, Südasien und Europa – beigetragen, die ich interviewen durfte. Wie vielschichtig und widersprüchlich Alleinsein und Einsamkeit in westlichen und nicht-westlichen Kulturkreisen wahrgenommen

wird, ist mir erst bei der Recherche für das Buch richtig bewusst geworden.

Meinen Aufrufen auf Facebook 2017, 2018 und 2020, mit mir über ihre Einsamkeit und ihr Alleinsein zu reden, folgten gut 150 Interessierte: Gut ein Viertel kannte ich persönlich – die anderen waren über Bekannte und Freunde auf die Einladung aufmerksam geworden. Die älteste Interviewpartnerin war zum Zeitpunkt der Interviews 89 Jahre, die Jüngste 17 Jahre alt. Die Befragten kamen aus Europa, Südasien, Lateinamerika, Westafrika und dem Nahen Osten.

Im Vorwort finden sich nur die Befragten, die ich namentlich erwähnen durfte. Der Großteil der Interviewten wollte nicht namentlich genannt werden. Um die Vertraulichkeit zu wahren, werden Interviewteilnehmende nicht namentlich zitiert. Dem Wunsch von einigen, ihre Berufsbezeichnung in den Zitaten zu erwähnen, habe ich versucht, bestmöglich Rechnung zu tragen. Meine Beratung und mein Coaching für Einzelpersonen und lokale und internationale Friedens- und Entwicklungsorganisationen[1] ermöglichten mir, Menschen aus anderen Kulturen persönlich und in ihrem jeweiligen Kulturkreis zu dem Thema zu befragen. Darüber hinaus hatte ich die Möglichkeit, knapp 40 sogenannte Kriegsenkel*innen[2] aus primär Deutschland und

---

[1] Siehe auch www.corechange.ch und www.corechange-coaching.ch .

[2] Als *Kriegsenkel* wird die Generation bezeichnet, deren Eltern während des Nationalsozialismus und des Zweiten Weltkrieges geboren wurden (die sogenannten *Kriegskinder*). In Deutschland wird die Begrifflichkeit der Kriegsenkel*innen inzwischen als Selbstbezeichnung für die Geburtenjahrgänge um Anfang der 1960er bis Anfang und Mitte der 70er Jahre benutzt. Als Einstieg in die Kriegsenkel-Thematik siehe: Baer und Frick-Baer 2015, Bode 2009, Ustorf 2008 und Literaturverzeichnis.

Österreich zu interviewen. Während des Corona-Virus interviewte ich Interessierte vor allem aus Deutschland, Großbritannien und Syrien. An COVID-19 schwer Erkrankte habe ich nicht interviewen können. Wie sie diese Zeit erlebt haben, ist eine wichtige Perspektive, die in diesem Buch fehlt.

Interviews wurden in Deutsch, Englisch und Französisch geführt, übersetzt und anonymisiert. Wenn Interviews und Zitate im Original wiedergegeben werden, dann, um den Inhalt der Aussage zu unterstreichen.
Die Interviews wurden entweder über Skype/Zoom, telefonisch oder persönlich durchgeführt. Gut 1/10 der Gesprächsteilnehmenden bevorzugten, mir persönliche Stellungnahmen zu allgemeinen Fragen von Alleinsein und Einsamkeit schriftlich zukommen zu lassen.

Die Interviewantworten haben keinen repräsentativen Anspruch: Sie haben mir vor allem geholfen, meine eigenen Ideen zu dem Thema zu schärfen. Die Antworten auf meine (offenen) Fragen und die Inhalte der Diskussionen spiegeln zum Teil stereotypische Glaubensätze wider und zum Teil radikal andere Perspektiven auf die Themen Alleinsein und Einsamkeit. Zusammengefasste Beobachtungen bezüglich der Themen *Kultur* und *Geschlecht* sollen Tendenzen aufzeigen und werden dabei unweigerlich gewisse Stereotype bedienen, ohne diese (vollständig) aufzulösen.

Wie groß der Redebedarf und das Bedürfnis nach Austausch zu dem Thema sind, wurde mir erst während der Interviews vollumfänglich bewusst. Eine Synthese der Antworten sind in die Formulierung der Thesen geflossen.

Wie dieses Buch gelesen werden kann (oder eben auch nicht)

Nach einer begrifflichen und gesellschaftspolitischen Kontextualisierung des Themas *Alleinsein und Einsamkeit* diskutiere ich fünf Thesen. Natürlich können Sie das Buch chronologisch lesen, Kapitel für Kapitel. Oder sie greifen sich immer wieder eine der Thesen heraus.

Die einzelnen Thesen stehen für sich und können unabhängig voneinander gelesen und verstanden werden. Gleichzeitig folgt die Ordnung der Thesen einer inhärenten Logik und hilft, mein zugrunde liegendes Gesamtverständnis von Alleinsein und Einsamkeit zu erläutern und auszuführen.

Begrifflichkeiten

Für viele – vielleicht auch für Sie – beschreiben Alleinsein und Einsamkeit oberflächlich die gleichen emotionalen Alltagsphänomene. Viele Menschen scheinen sich schnell einsam zu fühlen, wenn sie physisch allein sind – ohne Freunde, Bekannte, Familie, Haustiere und eine vertraute Umgebung. Auch wenn in der Alltagssprache beide Begriffe oft und schnell synonym verwendet werden, beschreiben Alleinsein und Einsamkeit in der Tat unterschiedliche persönliche und soziale Phänomene: Wer allein ist, fühlt sich nicht automatisch einsam. Und sich einsam zu fühlen, bedingt nicht zwingend, dass man allein ist.

Alleinsein beschreibt erstmal einen objektiven Tatbestand, dass man physisch allein d. h. ohne andere ist. Einsamkeit definiert einen subjektiven Gefühlszustand, der bei manchen Menschen vor allem präsent ist, wenn sie allein sind und/oder sich in Gemeinschaft nicht gesehen oder (an)erkannt fühlen.

Gleichzeitig gilt tendenziell, – und die Interviews mit Menschen aus verschiedenen sozialen Kontexten und Kulturen haben das unterstrichen – dass Menschen, die über längere Zeit allein leben, auch verstärkt dazu neigen, sich einsam zu fühlen. In den meisten nicht-westlichen Kulturen, wie z. B. in Asien und dem Nahen Osten, wird beides tendenziell immer zusammen gedacht, und die Unterscheidung seltener bis gar nicht gemacht: Man ist allein *und* einsam, wenn man nicht mit anderen ist. So werden im Volksmund, zum Beispiel im Arabischen, Kurdischen, Türkischen und in Hindi oder Urdu, Alleinsein und Einsamkeit oft als Synonyme verwendet.

Die Interviewten aus dem globalen Norden betonen, dass Alleinsein eine Alltagssituation beschreibe, in die sie sich freiwillig und selbstbestimmt begeben – eine Situation, in der sie nicht Rücksicht auf andere nehmen müssen und „ihr Ding machen" können, wie es eine Interviewpartnerin auf den Punkt bringt. Alleinsein könne auch durchaus wichtig, angenehm und heilsam sein – auch weil der Mensch seiner Natur nach nicht nur nach Kontakten und sozialer Einbindung suche, sondern auch nach Unabhängigkeit und Autonomie. Dieses Verständnis kommt dem englischen und französischen Begriff von *solitude* am nächsten, einem positiven Verständnis von Alleinsein. Oder wie der norwegische Philosoph Lars Svendsen reflektiert:

> "In loneliness, one is alone with oneself, whereas in so litude, one is together with oneself." (Svendsen 2017: 104)

Nur wenige Befragte schildern, dass sie dieses Alleinsein – unabhängig von der Zeitdauer – wirklich und offen genießen oder es immer wieder proaktiv suchen. Wieweit kulturelle Unterschiede das Erleben von Einsamkeit und Alleinsein beeinflussen, wird ausführlicher in These 3 diskutiert.

Unabhängig des kulturellen Kontextes zeigt die Einsamkeitsforschung, wie schwierig es ist, eine eindeutige Definition von Einsamkeit zu geben, da Einsamkeit ein sehr subjektives Empfinden darstellt: Jede/r von uns hat ein anderes Verständnis von Einsamkeit und ab wann genau man sich einsam fühlt.

In der aktuellen Einsamkeitsforschung in Europa und den USA werden Befragte nach ihrem subjektiven Verständnis und Gefühl von Einsamkeit und sozialer Verbundenheit gefragt (siehe z. B. Cacioppo und Patrick 2008). Da Einsamkeit mit Scham und sozialem Versagen assoziiert wird, bleibt offen, inwiefern Befragte Informationen ehrlich teilen oder stereotypische Glaubenssätze unhinterfragt weitergeben.

Was in den von mir durchgeführten Interviews auffällt ist, dass Einsamkeit für alle Interviewteilnehmende – ungeachtet des kulturellen Hintergrundes – ein ausschließlich negativ konnotierter Begriff ist:
Die meisten Befragten verstehen Einsamkeit als unfreiwillige und fremdbestimmte Form des Alleinseins. Für viele geht Einsamkeit mit physischen und psychischen Symptomen wie Müdigkeit, depressiver Grundstimmung, emotionaler Leere, Orientierungslosigkeit, Nervosität, Traurigkeit und tiefer Melancholie einher. Einsamkeit bedeutet „mit der Welt und dem sozialen Umfeld“ nicht verbunden zu sein: sich nicht geliebt und nicht „ganz“ oder „komplett“ zu fühlen. Bedürfnisse nach sozialer

Nähe, Kommunikation, Resonanz oder Austausch können nicht befriedigt oder kompensiert werden.

Für viele Befragte trifft der Begriff *mutterseelenallein* das Grundgefühl von Einsamkeit am besten – der/die Einzelne kann (bestehende) Kontakte über einen längeren Zeitraum nicht mehr aktivieren und sich selbst nicht mehr aus der Einsamkeit herausbringen. Der letzte Punkt unterstreicht die Bedeutung der Dauer – Einsamkeit ist ein gefühlter Zustand, der über einen längeren Zeitraum anhält.

Der US-amerikanische Psychologe und vielleicht bekannteste Einsamkeitsforscher John Cacioppo hat in verschiedenen Studien gezeigt, dass Menschen, die sich einsam fühlen, es schwierig finden, sich zu motivieren, zu konzentrieren und schneller aufgeben, nach kreativen Problemlösungen zu suchen (siehe Cacioppo und Patrick 2008).

Forschungen haben auch ergeben, dass Menschen, die sich regelmäßig einsam fühlen, oft ein generelles Misstrauen gegenüber anderen Menschen hegen: Das misstrauische Verhalten, und die fehlende Motivation erschweren Sozialkontakte. Unbefriedigende Kontakte verstärken dieses Verhalten, und einsame Menschen finden sich dann schnell in einem Teufelskreis (siehe Ernst und Cacioppo 1998).
Diesen Teufelskreis zu unterbrechen erscheint für die meisten Betroffenen sehr schwierig - auch weil sich die Gründe und Bewältigungsstrategien für Einsamkeit sehr oft gegenseitig beeinflussen und bedingen, wie die Erzählung einer 40-jährigen Lehrerin aus Österreich zeigt:

„Nachdem mein Mann mich verlassen hat, habe ich mich zurückgezogen und wollte alleine sein. Ich merkte schnell, dass dieses Alleinsein mir nicht guttat, da sich die Gedanken nur um meinen Ex-Partner drehten .... die Trennung hat mich in meinem Selbstbewusstsein und Selbstwertgefühlt sehr getroffen – ich fühlte mich verletzt, hilflos und ausgenutzt. Ich hatte vielleicht schon vor der Beziehung kein großes Selbstbewusstsein. Die Trennung hat mich auf jeden Fall weiter runter gezogen ... Für mich war es sehr schwer, auf neue Menschen zuzugehen, auch weil ich mich gekränkt fühlte...und wenn ich ehrlich bin, auch sehr einsam fühlte. Die Kontakte zu neuen Bekanntschaften, die sich ergaben, haben mich aber noch einsamer und trauriger fühlen lassen, weil sie alle nicht das versprachen, was ich suchte. Vielleicht habe ich zu hohe Ansprüche...aber ich bin nun mal so... Als ich dann an eine neue Schule versetzt wurde, fühlte ich mich noch einsamer."

Verschiedene Studien haben darüber hinaus belegt, was auf den ersten Blick erstaunen mag: Einsamkeit steigt mit der Zahl der Freunde und Bekanntschaften. Menschen, die mehr Freunde haben, als für sie emotional richtig und ideal erscheint, fühlen sich eher einsam als Menschen mit weniger Freunden (siehe Russell et al. 2012)[3].

Chronische Einsamkeit grenzt an die extreme und krankmachende Form der *sozialen Vereinsamung* und *Isolation*, die sich ob-

[3] Da es sich bei den Untersuchungen primär um Schülerschaft aus Abschlussklassen in den USA handelt, ist die Frage, wieweit sich diese Ergebnisse verallgemeinern lassen.

jektiv am Mangel an sozialen Kontakten festmachen. Isolation und Einsamkeit korrelieren, sind aber nicht dasselbe: Wenn ich unter Einsamkeit leide, kann ich objektiv viele Freunde habe, aber die bestehenden Kontakte als wenig befriedigend oder erfüllend erleben. Isolation und soziale Vereinsamung drücken die totale Abwesenheit von Verbundenheit und Resonanz aus – diese mangelnden Kontakte sind objektiv gegeben und werden subjektiv so empfunden.

Je nachdem, wo und wie Sie COVID-19 durchleben, haben Sie vielleicht selber erfahren, wie nah Isolation und Einsamkeit beieinander liegen können.

Mein Verständnis der beiden Begriffe

Alleinsein und Einsamkeit beschreiben persönliche Prozesse des Rückzugs von anderen, die bewusst oder unbewusst und freiwillig oder unfreiwillig stattfinden können.

Wie die weiteren Ausführungen zeigen werden, ist die erlebte *Qualität*, die Dauer und sehr oft auch die *gesellschaftliche Beurteilung* von beiden Zuständen in vielen Kulturen eine andere.

Wenn ich an einigen Stellen beide Begriffe synonym verwende, dann vor allem mit dem Ziel, die Beliebigkeit, Gleichsetzung und Widersprüchlichkeit der Begriffe in der Gesellschaft, der Politik und den Medien zu problematisieren. In den verwendeten Zitaten von Befragten, Philosophen und Denkern werden die von ihnen benutzen Begrifflichkeiten übernommen, auch wenn diese nicht unbedingt mein Verständnis widerspiegeln.

Freiwillige und bewusste Formen des Alleinseins sind zum Beispiel das absichtlich gewählte Reisen allein, und wenn ich mich gezielt für das Single-Leben und gegen eine Partnerschaft entscheide.
Unfreiwillig kann Alleinsein insofern sein, dass ich den aktuellen Rückzug von anderen nicht beeinflussen oder ändern kann, z.B. wenn ich aus beruflichen Gründen in eine neue Stadt oder in ein anderes Land ziehen muss, wenn ich einen geliebten Menschen verlasse oder verliere. Oder aber auch, wenn jemand unter COVID-19 bedingten Quarantäne-Maßnahmen gestellt worden ist.

Alleinsein ist ein Zustand ohne die physische Präsenz von anderen, der mir ermöglichen kann, mit mir selbst zu sein und mich als reflektierendes und achtsames Wesen zu erfahren. Ich spreche von *ermöglichen* kann, weil es einen bewussten Lernprozess voraussetzt, diesen Zustand als solchen zu erfahren und annehmen zu können. Dieser Lernprozess ist aber nicht immer offensichtlich und einfach. Stellen Sie sich folgendes Szenario vor: Sie sind im Ausland, sprechen die Sprache nicht und haben einen sehr schweren Unfall, der Sie zwingt, mehrere Wochen im Krankenhaus zu verbringen. Würden Sie sich da einsam fühlen? Die meisten von uns wohl schon –auch die unter uns, die vielleicht generell gerne allein sind.

Im Gegensatz zum Alleinsein, kann bei der Einsamkeit das *subjektive Bedürfnis und die Sehnsucht nach seelischer oder emotionaler Nähe* nicht gestillt werden. Es entsteht ein *seelisch-emotionales Vakuum* und ein Gefühl des *Abgetrenntseins*.
Einsamkeit beschreibt somit die *subjektive Diskrepanz zwischen gewünschten und real existierenden Kontakten und Formen von*

menschlicher Nähe, Intensität und Erfüllung (siehe auch Peplau und Perlman 1982):
Dieser Unterschied beinhaltet sowohl die *Quantität* der Kontakte als auch ihre *Qualität*, d. h. die Nähe in einer Beziehung als auch die Intensität ebendieser. Wenn ich zwar viele Freunde und Bekannte habe und in einer Beziehung lebe, mir diese sozialen Begegnungen aber nicht die persönlich gewünschte Form von emotionaler Resonanz und Verbindlichkeit geben, fühle ich mich einsam.

Für mich sind Zustände des Alleinseins und der Einsamkeit nicht per se eindeutig positiv oder negativ konnotiert. Viel wichtiger erscheint mir, wie wir – als Individuen und Gesellschaft – mit beiden emotionalen und physischen Zuständen konkret umgehen, ob auf eine konstruktive oder eher destruktive Art.
Das möchte ich an einem realen Vorfall, den ich oben schon angesprochen hatte, illustrieren: Nach einem lebensbedrohlichen Unfall in Spanien, musste ich dort notoperiert werden – in einem Land und einer Stadt, wo ich außer einer sehr flüchtigen Bekannten niemand kannte und die Sprache nicht wirklich sprach oder verstand. Ich war nach Barcelona aufgebrochen, um in einer meiner Lieblingsstädte dieses Buch zu schreiben. Und dann *schenkte* mir das Schicksal die wahre Herausforderung, mit meiner eigenen Einsamkeit und dem Alleinsein inner- und außerhalb des Krankenhauses umzugehen. Die schmerzhafte Zeit *allein und* einsam im Krankenhaus hat mir geholfen, familiäre Beziehungen in meinem Leben anders oder neu emotional zu durchlaufen. Wo vieles für mich sehr unklar war, wurde mir klar, was wichtig für mich ist: meine eigenen Grenzen klarer und besser zu kommunizieren.

Ich wurde erinnert und habe gelernt, dass körperlicher und seelischer Schmerz helfen kann, eine größere Klarheit über emotional schwierige Beziehungen zu entwickeln. Schmerz verstehe ich in diesem Kontext nicht als *per se negativ*, sondern eher als eine aufdringliche Aufforderung nach Veränderung und auf die Bedürfnisse des Körpers zu hören. Gerade psychisch herausfordernde und unsichere Situationen können helfen, Bedürfnisse im Leben schneller und klarer bewusst werden zu lassen als in emotional stabilen Lebensphasen. Dieses setzt voraus, dass die eigentliche Erfahrung der Einsamkeit als offene Lernerfahrung erlebt werden kann und nicht als traumatische Erfahrung, die tiefere psychische Leiden wie Angststörungen mit sich zieht.

Zusammengefasst möchte ich festhalten, dass idealerweise beide Zustände von Einsamkeit und Alleinsein es ermöglichen, uns als vollständig mündige und selbstverantwortliche Individuen zu erleben und als solche zu wachsen. Ein Punkt, den ich in den Thesen 4 und 5 aufgreifen und ausführlicher diskutieren werde.

Das Ausmaß von Alleinsein und Einsamkeit

Viele erleben Alleinsein und Einsamkeit als Single-Sein. Wir haben es mit einem Rekordhoch der Anzahl von Single-Haushalten[4] in Westeuropa, Japan und den USA zu tun. Dieses Hoch geht einher mit einem (internationalen) Trend der Urbanisierung, der schnell fortschreitenden Digitalisierung, Nutzung von sozialen Medien, steigenden Zahlen von Kinderlosen ebenso wie Scheidungsraten.

---

[4] Je nach Statistik handelt es sich um 41 % Single-Haushalte deutschlandweit und knapp 50 % in den Großstädten. Siehe z. B. Michael Fabricius: Single-Haushalte sind ein Luxusproblem des Nordens, *Die Welt* (1.8.2017), https://www.welt.de/finanzen/immobilien/article167296530/Single-Haushalte-sind-ein-Luxusproblem-des-Nordens.html.

So erstaunt es wenig, dass das Geschäft mit dem Alleinsein seit Jahren boomt: Von *Solo weddings*[5] über *Single-Reisen, Dating-Apps und -Plattformen*[6] bis zu *Rent-a-Friend-Portalen*[7] gibt es inzwischen einen etablierten, weltweiten Markt für Singles und einsame Herzen:

Während *Solo weddings* (in vor allem Japan und Südkorea[8]) helfen sollen, den Zustand des Alleinseins zu kultivieren und

---

[5] Siehe z. B. Didem Tali: Why growing numbers are saying ‚yes' to themselves, *BBC News* (22.12.2017), http://www.bbc.com/news/business-42415394 (Hervorhebung dort) und Patricia Garcia: Why Women Are Choosing to Marry Themselves, *Vogue* (6.10.2017), www.vogue.com/article/women-marrying-themselves-sologamy?verso=true.

[6] In den letzten Jahren hat es einen Boom an Dating-Plattformen gegeben. Online-Bekanntschaften und Liebesbeziehungen zu suchen ist in vielen Ländern zu einer gesellschaftlichen Norm geworden. Neben den schon bekannten Formen wie *Speed Dating* oder *Tinder*, gibt es inzwischen auch Gegenpole zu dem sehr schnelllebigen Online-Dating: Beim *Silent Dating* oder *Sensual Dating* stehen Berühren, Blicke, Gerüche und Gesten im Vordergrund stehen. Siehe z.B. https://www.sensualspeeddating.ch. Und dann gibt es noch das sogenannte *Deep Dating*: Partnersuchende treffen sich online via Skype oder Zoom. Ehrlichkeit und Authentizität sollen im Vordergrund stehen.

[7] Seit 2009 gibt es die Möglichkeit, einen Freund für verschiedene private und soziale Anlässe zu mieten: Das Angebot reicht vom gemeinsamen Feierabendbier, Kino- oder Museumsbesuch bis zur Begleitung zu offiziellen oder privaten Großveranstaltungen wie Betriebsfesten, Hochzeiten oder Familienfeiern. Man meldet sich online an und bezahlt – je nach Land variiert der Betrag – rund 20 € monatlichen Mitgliedsbeitrag. Die eigentliche gemeinsame Zeit wird separat und nach Wunsch des Freundes verrechnet. Laut Angaben der Firmenwebsite *Rent-a-friend* (https://rentafriend.com) sind im Juni 2020 weltweit rund 600.000 *Freunde* zum Verbieten angemeldet. Das Angebot hat sich schnell den Corona-bedingten Maßnahmen angepasst und bietet seine Dienste jetzt auch vermehrt online an (siehe https://rentafriend.com).

[8] *Solo weddings* sind - gerade in Südkorea und Japan - eine Frage des Lifestyles YOLO "you only live once". Für einen konkreten Einblick in das Geschäft des *Solo weddings* siehe das YouTube-Video "Marrying yourself in Japan. Love and Sex in Japan Documentary" und in YOLO siehe der Diskussionsbeitrag von Isabella Steger und Soo Kyung Jung: Exhausted by the herd, single South Koreans are gingerly embracing the "YOLO" lifestyle, *Quartz* (3.8.2017), https://qz.com/1024923/exhausted-by-the-herd-single-south-koreans-are-gingerly-embracing-the-yolo-lifestyle/ (Hervorhebung dort).

zelebrieren, wollen die meisten Angebote dazu beitragen, den Umstand des Single-Daseins möglichst schnell zu beenden.

Viele Menschen – auch die, die für dieses Buch interviewt wurden – sehen im Single-Sein nicht primär eine bewusst gewählte Lebensentscheidung oder Lebensform, sondern versuchen, sich mit dem Zustand zu arrangieren - wartend auf oder auf dem Weg in die gewünschte Partnerschaft, Zweisamkeit oder Familie.

Dieses Geschäft mit dem Alleinsein geht einher mit diversen Angeboten der Selbstoptimierung und Selbstregulierung, um in einer schnelllebigen Zeit mitzuhalten: Yoga-, Schweigeretreats wie Achtsamkeits- und Meditationsworkshops gelten inzwischen als Frage des *Lifestyles* und werden von internationalen Großfirmen genauso gebucht wie von gestressten Eltern und spirituellen Yogis. Ob dieses Geschäft mit dem Alleinsein auch was über das tatsächliche Ausmaß an Einsamkeit aussagt, kann man aufgrund der vorliegenden Daten nicht sagen. Unabhängig von Land und Region bekommt man den Eindruck, dass wir von einer stetigen und zum Teil rapiden Zunahme der sich einsam fühlenden Menschen ausgehen müssen (siehe z.B. Spitzer 2018)[9].

In den *USA* gehen aktuelle Untersuchungen davon aus, dass 22 %[10] bis 61 %[11] der erwachsenen Amerikaner sich regelmäßig einsam fühlen und darunter leiden[12].

---

[9] Siehe auch Frank John Ninivaggi: Loneliness: A New Epidemic in the USA, *Psychology Today* (12.2.2019), https://www.psychologytoday.com/us/blog/envy/201902/loneliness-new-epidemic-in-the-usa.

[10] Siehe DiJulio et al. 2018.

[11] Siehe Cigna 2020: Loneliness in the workplace, Survey report (Januar 2020), https://www.cigna.com/about-us/newsroom/studies-and-reports/combatting-loneliness/

[12] Siehe Elena Kadvany: The battle against America's loneliness crisis, *The Guardian* (8.8.2019).

Einsamkeit ist für 45 % der Bevölkerung in *England* ein Thema: Nach offiziellen Untersuchungen aus dem Jahr 2019[13] fühlt sich 6 % der Bevölkerung ab 16 Jahre ständig einsam. Fast 40 % der Briten fühlen sich regelmäßig (15 %) und ab und zu (24 %) einsam. Weniger Männer als Frauen geben an, sich einsam zu fühlen. Die 16- bis 34-Jährigen leider unter Einsamkeit am stärksten.

Die offiziellen und aktuellsten Zahlen für die Schweiz aus das Jahr 2019 belegen[14], dass sich rund 38 % der Bevölkerung ab 15 Jahren einsam fühlen. Die 15- bis 39-Jährigen fühlen sich regelmäßig einsam, wobei 15- bis 24-Jährige mit gut 48 % am stärksten betroffen sind, gefolgt von den 25- bis 39-Jährigen mit gut 41 %. Am wenigsten von Einsamkeit betroffen, sind die 65-Jährigen und Älteren. Die Bevölkerung ohne Migrationshintergrund fühlt sich weniger einsam (35 %) als die Bevölkerung mit Migrationshintergrund der zweiten Generation (42 %) und jene der ersten Generation (46 %)[15]. Frauen sind mit gut 45 % stärker betroffen als Männer mit 31 %.

In Deutschland zeigen aktuelle Studien, dass sich jeder zehnte Deutsche häufig oder ständig einsam fühlt: In der Forschung von Luhmann und Hawkley aus dem Jahr 2016 sind es vor allem die 30 bis 60-Jährigen, die stark von Einsamkeit betroffen sind

[13] Siehe Department for Digital, Culture, Media and Sport 2019. Diese offiziellen Zahlen aus dem Jahr 2019 basieren auf Untersuchungen in 2017-2018 in England (und nicht in Großbritannien).
[14] Siehe Schweizerische Eidgenossenschaft. Bundesamt für Statistik 2019. Diese offiziellen Zahlen aus dem Jahr 2019 basierend auf Untersuchungen in 2017.
[15] Ibid.

(siehe Luhmann und Hawkley 2016). Nach der repräsentativen Online-Umfrage von Harris Interactive und Wahlverwandten e.V. aus dem Jahr 2015 ist die Altersgruppe 40 bis 49 am stärksten von schwerer Einsamkeit betroffen (siehe Harris Interactive und Wahlverwandten e.V. 2015).

Die aktuellste Umfrage aus dem Jahr 2019 von dem Marktforschungsinstitut *Splendid Research* unter rund 1000 Befragten zwischen 18 und 69 Jahren kommt zu dem Schluss, dass 17 % der Bevölkerung sich regelmäßig einsam fühlen und 30 % sich manchmal einsam fühlen (Splendid Research 2019). Am stärksten sind nach dieser Studie die 18- bis 39-Jährigen (mit 24 %) betroffen: Diese Altersgruppe fühlt sich häufig bzw. ständig einsam. Am wenigsten leidet die Gruppe um die 60-69 Jahre unter Einsamkeit – nur 11 % gaben an, sich ständig einsam zu fühlen. Ähnlich wie bei den Untersuchungen in der *Schweiz* und *England*, sind Frauen stärker von Einsamkeit betroffen als Männer.

Da Einsamkeit ein sehr subjektives Empfinden darstellt, und es keine eindeutige Definition gibt, verwundert es wenig, dass unterschiedliche Grade von Einsamkeit für Deutschland und andere Länder nachgewiesen werden (siehe Hughes et al. 2004)[16]. Ob es sich international und national um eine eindeutige reelle

[16] Als internationale Referenz und Messskala wird die sogenannte UCLA Einsamkeitsskala (in den USA entwickelt und revidiert zuletzt 1996) in den meisten Einsamkeitsstudien verwendet. Man kann diese Skala im Internet herunterladen und online seine eigene Einsamkeit bestimmen. Der US-amerikanische Einsamkeitsforscher Cacioppo erforschte als einer der ersten die Einsamkeit und konzentrierte sich vor allem auf die folgenden drei Schlüsselfragen 1.) Wie oft empfinden Sie, dass Ihnen ein anderer Mensch fehlt? 2.) Wie oft fühlen Sie sich verlassen? und 3.) Wie oft fühlen Sie sich von anderen isoliert?

und absolute Ab- oder Zunahme von Einsamkeit handelt oder Proband*innen ehrlicher sind, bleibt offen.

Ein eindeutiger Anstieg kann für z. B. Deutschland und die Schweiz aktuell nicht belegt werden[17]. Die offiziellen Zahlen in der Schweiz und Deutschland aus den letzten zwei bis drei Jahren belegen eher einen leichten Rückgang[18].

Die bis 2019 erschienenen Studien zum Ausmaß und zu den Dimensionen von Einsamkeit in *Großbritannien* und *Deutschland* werden im Folgenden exemplarisch für andere westliche Länder im Zeitalter der Globalisierung verstanden (siehe z. B. Splendid Research 2019; Spitzer 2018: Kapitel 1; Luhmann und Hawkley 2016; Harris Interactive und Wahlverwandten e.V. 2015 und Deutsches Zentrum für Altersfragen 2014[19]).

Auffälligkeiten und Ähnlichkeiten von Einsamkeit

Auffällig erscheinen bei den neueren Studien zum Ausmaß von Einsamkeit, die sich vor allem in den Ziel- und Altersgruppen und empirischer Reichweite unterscheiden, die folgenden ähnlichen Erkenntnisse:

---

[17] Siehe auch Esteban Ortiz-Ospina: Is there a loneliness epidemic? *Our World in Data* (11.12.2019) https://ourworldindata.org/loneliness-epidemic.
[18] Siehe z. B. Anja Katrin Orth und Theresa Eyerund 2019: Einsamkeit in Deutschland: Aktuell keine Zunahme (IW-Kurzbericht 38/2019), *Institut der deutschen Wirtschaft*.
[19] Siehe auch Informationen rund um Alterseinsamkeit auf der Website von dem Selbsthilfe- und Unterstützungsverein Silvernetz e.V. www.silbernetz.org/zahlen-alterseinsamkeit.html

- Einsamkeit ist ein *altersunabhängiges Phänomen:* Sowohl junge als auch ältere Menschen sind von Einsamkeit betroffen. Erwachsene im Alter zwischen 20 und 40 Jahren scheinen am stärksten von Einsamkeit betroffen zu sein.
- Einsamkeit erscheint ein *sozialer Gleichmacher* – egal ob reich oder arm, schön oder hässlich – Einsamkeit kann uns alle betreffen und ist unabhängig von Status, Gesundheitszustand, Bildung, finanziellen Ressourcen und äußerlichen Erkennungsmerkmalen wie Attraktivität.
- *Männer* und *Frauen* sind von Einsamkeit betroffen.
- Unabhängig davon, ob mit Kindern oder in einer Beziehung lebend, Frauen und Männern fühlen sich einsam. *Kinder* scheinen *keinen (direkten) Einfluss* auf die empfundene Einsamkeit zu haben.
- *Alleinstehende* sind *einsamer* als Personen in einer Beziehung.
- Neben dem Anteil der einsameren Personen hat sich vor allem auch die *Intensität der wahrgenommenen Einsamkeit* verstärkt[20].
- Die primären Gründe für die persönlich erlebte Einsamkeit reichen von *Schüchternheit* und *Angst vor Enttäuschungen* über *Antriebslosigkeit* und Kindheitstrauma/psychische Erkrankungen wie *Depressionen* bis

[20] Laut der online durchgeführten repräsentativen Umfrage von Harris Interactive und *Wahlverwandtschaften e.V.* aus dem Jahr 2015 fühlen sich von 1.200 Teilnehmern im Alter von 16 bis 85 Jahren nur 30 Prozent überhaupt nicht einsam. Im Jahr 1993 lag dieser Wert noch bei 50 Prozent. Siehe Harris Interactive und Wahlverwandten e.V. 2015.

hin zu *sozialer Isolation*. Männer sehen eher die eigene Verschlossenheit und Schüchternheit als Grund für ihre Isolation, Frauen äußern größere Angst, verletzt zu werden.

- Männer und Frauen scheinen über *verschiedene Bewältigungsstrategien* zu verfügen: Frauen nutzen ein breiteres Spektrum an Aktivitäten, um sich weniger einsam zu fühlen, wie z. B. Lesen, mit Freundinnen treffen oder professionelle Hilfe holen. In die Arbeit stürzen, psychologische Beratung und regelmäßiger Alkoholkonsum sind als Reaktionen auf Einsamkeit stärker bei Männern und Frauen mit höheren Bildungsabschlüssen vertreten.

Wieweit Einsamkeit nach der Pandemie COVID-19 zunehmen wird, kann aktuell nicht eingeschätzt werden. Man kann nur vermuten, dass die COVID-19 bedingte Distanz und Isolation wie ein Katalysator wirken und Betroffene, die sich schon vor dem Ausbruch einsam gefühlt haben, sich jetzt noch einsamer fühlen.

Gleichzeitig war die auferlegte Isolation während der ersten Wochen der Pandemie für die meisten Menschen eine vollkommen neue soziale und persönliche Erfahrung. Menschen, die bis dato soziale Isolation kannten, sind Gefängnisinsassen oder schwer Kranke, die aufgrund der Ansteckungsgefahr isoliert werden müssen. Menschen, die sich selbstbestimmt in *soziale Isolation* begeben, kennen wir vor allem aus Japan.

Hikikomori als Extremform der Einsamkeit

Soziale Isolation und Vereinsamung als Extremform von Einsamkeit sind in den letzten Jahren in Japan unter dem sozialen Phänomen des sogenannten *Hikikomoris* bekannt geworden: Hikikomori ist ein radikaler Gesellschaftsausschluss, in dem sich vor allem jüngere Männer und Frauen aus der Gesellschaft zurückziehen und den Kontakt zur Außenwelt drastisch reduzieren bzw. auf die Nachtzeit limitieren (siehe Asadie 2018).

Wie erste Untersuchungen für den europäischen Kontext belegen, ist Hikikomori nicht ein rein asiatisches Phänomen (siehe Malagón-Amor 2015): Die Ergebnisse für Spanien verdeutlichen allerdings, dass der radikale soziale Rückzug primär Menschen mit extremen Persönlichkeitsstörungen wie z. B. Psychosen, schwere Depressionen oder Angstzuständen betrifft (siehe ibid.). Zu der Verbreitung von Hikikomori in Resteuropa gibt es jetzt keine verlässlichen Daten.

Sich vollständig freiwillig von der japanischen Gesellschaft abzukapseln, ist für viele der Betroffenen eine Bewältigungsstrategie, sich vom rigorosen Schulsystem, dem gesellschaftlichen Wettbewerbsdruck und oft auch Mobbing zu entziehen.

Die Einzelfälle und Schicksale von Hikikomoris, die 2017 im japanischen Fernsehen einer größeren Öffentlichkeit vorgestellt wurden[21], unterstreichen vor allem die folgenden Charakteristika von Betroffenen und die Antwort von Regierungsseite:

---

[21] Großen Dank an Akira Hokamura für die Übersetzung vom Japanischen in das Englische der Japanischen Fernsehsendung zu Hikikomori in 2017. http://www.nhk.or.jp/gendai/articles/3977/?fbclid=IwAR2OjQr9iKLCU68nJXIcttqz9sdeOHk-3c8LFozGXP8mmiiL9QzAUNDpDx3s.

- Es gibt nicht den einen Grund, warum sich junge Erwachsene für Hikikomori entscheiden. Als einer der Hauptgründe nannten die für dieses Buch interviewten zwei Hikikomoris vor allem den gesellschaftlichen Druck, sich den sozialen und kulturellen Konventionen anzupassen (für die Ursachenanalyse im Kontext der japanischen Kultur und des Familiensystems siehe auch Asadie 2018). Konformität und Funktionieren würden im Vordergrund des japanischen Bildungssystems und des sozialen Miteinanders stehen und seien reflektiert in einem extremen Leistungsdruck, Glaubenssätzen und den Medien. Fragen von mentaler und psychischer Gesundheit würden in Japan zu wenig bis gar keine Aufmerksamkeit erhalten.
- Verschiedene *Altersgruppen* sind betroffen, zwischen Mitte 20 und Anfang 40 scheinen die meisten Hikikomoris zu sein. Viele leiden unter p*sychischen Problemen,* wie *Depressionen* und *Versagensängste*.
- Sowohl *Männer* als auch *Frauen* sind betroffen.
- Die existierenden *Rehabilitationszentren* der japanischen Regierung würden vor allem die Symptome, aber nicht die tieferliegenden Ursachen von Hikikomori angehen. Die Dokumentation im japanischen Fernsehen 2017 diskutiert hier auch Alternativen zu den staatlichen Zentren: Gute Erfahrungen wurden bis jetzt mit lokal getragenen Nachbarschaftsdiensten gemacht, wo Freiwillige die Betroffenen aufsuchen und in organisatorischen Alltagsfragen unterstützen.

Beim Verfassen des Buches lagen noch keine repräsentativen Studien vor, wie die Hikikomoris COVID-19 erlebt haben. Erste Berichte aus Japan im deutschsprachigen Raum deuten auf eine spannende Entwicklung hin (siehe Hahn 2020):
Das Phänomen Hikikomori wurde in Japan mit der Pandemie und der verordneten sozialen Distanz „…plötzlich das Gebot der Gegenwart“ (ibid.). Hikikomori bekam eine ganz andere soziale Bedeutung und wurde sozial aufgewertet: Betroffene erhielten durch Medien und Politik nicht nur eine grössere Aufmerksamkeit, sondern wurden als quasi Fachexpert*innen zum Thema Einsamkeit/Alleinsein befragt und zu Rate gezogen (ibid.).

Entscheidend wird sein, wie sich diese aktuelle positive gesellschaftliche Aufwertung der Hikikomoris in Post-COVID-19-Japan entwickeln und politisch und sozial zeigen wird.

Einsamkeit – die Epidemie im Verborgenen?

Angesichts des Ausmaßes von Einsamkeit geht der deutsche Psychiater Martin Spitzer so weit zu sagen, dass *Einsamkeit als unerkannte Krankheit* „schmerzhaft, ansteckend und tödlich“ (Spitzer 2018) sei. Andere sehen in der Einsamkeit die „Lepra-Erkrankung des 21. Jahrhunderts“[22].
Im Frühjahr 2020 wird in einigen Medien und in Fachkreisen darauf verwiesen, dass die Pandemie COVID-19 auf eine „Epidemie von Einsamkeit“[23] getroffen sei.

---

[22] Maggie Ferguson: How does it really feel to be lonely? *The Economist. 1843 - stories of an extraordinary world* (22.1.2018).

[23] Siehe z. B. Michael Lee Stallard und Katharine P. Stallard: COVID-19 Is Coinciding With a Loneliness *Epidemic, Government Executive* (26.3.2020), https://www.govexec.com/management/2020/03/covid-19-coinciding-loneliness-epidemic/164153/ und Frances Kuffel: The Worsening Epidemic of Loneliness, Psychology Today (15.3.2020), https://www.psychologytoday.com/us/blog/what-fat-women-want/202003/the-worsening-epidemic-loneliness.

Zweifelsohne sind die vielfältigen mentalen und physischen Auswirkungen von chronischer Einsamkeit[23] für verschiedene Länder belegt:
Laut eines Untersuchungsberichtes der *Mental Health Association* aus Großbritannien und anderen internationalen wissenschaftlichen Studien aus den letzten 9 Jahren kann Einsamkeit genauso gesundheitsschädigend sein, wie täglich 15 Zigaretten zu rauchen (siehe Griffin 2010, Holt-Lunstad et al. 2010 und Hakulinen 2018). Nach diesen Zahlen erhöht sich bei extremer Einsamkeit und der Extremform sozialer Isolation das Risiko eines frühzeitigen Todes um 26 %, unter anderem auch, weil vermehrt und über einen längeren Zeitraum das Stresshormon Cortisol ausgeschüttet wird (siehe Cacioppo et al. 2002, Holt-Lunstad et al. 2010 und Hakulinen 2018).

Viele Studien belegen, dass einsame Frauen und Männer eher zu risikobereitem Verhalten, Drogenkonsum (vor allem in Form von Alkohol), Schlafproblemen und Depressionen neigen (siehe Skankar at al. 2011 und Steptoe et al. 2004).

Andere Studien unterstreichen im Hinblick auf die amerikanische Bevölkerung, dass Einsamkeit größere Gesundheitsrisiken beinhaltet als Fehlernäherung und Bewegungsmangel (siehe Holt-Lunstad et al. 2010).[24]

[24] In Amerika laufen aktuell Untersuchungen, die den Einfluss von Medikamenten, wie z.B. Betablocker auf das erlebte Gefühl der Einsamkeit messen wollen. Siehe Laura Entis: Scientists are working on a pill for loneliness, *The Guardian* (26.1.2019).

Eine amerikanische Studie aus dem Jahr 2017 zeigt, dass bei einsamen Menschen das Risiko, an Altersdemenz zu erkranken um fast das Doppelte steigt – unabhängig von Geschlecht, Bildung, ethnischer Zugehörigkeit und sozialem Status (siehe Sutin et al. 2018, Cacioppo und Hawkley 2009). Andere Studien aus dem gleichen Jahr verweisen auf den Zusammenhang von Einsamkeit und Herzerkrankungen und Herzinfarkten (siehe Valtorta et al. 2016).

Einsamkeitsforscher wie John Cacioppo haben nachgewiesen, dass chronische Einsamkeit durchaus genetisch mitbestimmt und vererbbar sein kann (siehe Cacioppo, Cacioppo und Boomsma 2014).[25]

„Wer jetzt allein ist, wird es lange bleiben.“[26]
Elsa Köster

Beim Verfassen des Buches lagen noch keine genauen Daten über die psychischen Auswirkungen der COVID-19-bedingten Kontaktsperren auf die Psyche der Menschen und erlebter Einsamkeit vor. Meine Interviews während der Pandemie deuten vier Reaktionsmuster an:

Die Menschen, die sich vor des Corona-bedingten Ausnahmezustandes mit ihrem Alleinsein kämpften, fühlten sich jetzt einsam oder noch einsamer. Ärzte und Telefonseelsorge in verschiede-

---

[25] Begründet wird diese Aussage mit den Erkenntnissen der Bindungstheorie. Siehe auch Gossens et al. 2015.
[26] Elsa Köster: *Wer jetzt allein ist, wird es lange bleiben, der Freitag* (19.3.2020).

nen Städten und Ländern schlugen Alarm[27]: Menschen suchten verstärkt Hilfe und Unterstützung, um diese für sie belastende und tendenziell traumatisierende Zeit zu überbrücken.
Gerade für viele alleinstehende Betagte und Senior*innen, die zu der Hauptrisikogruppe für COVID-19 gehören, ist die auferlegte Isolation eine emotionale Tortur, wenn nicht ein Trauma, gewesen. Mitte April las ich einen Artikel[28] von einer Mitte 80-jährigen Altersheimbewohnerin. Die Darstellung gibt einen beklemmenden und berührenden Eindruck wie diese Tortur genauer aussieht und warum sie traumatisierend wirken kann: Da ist Einsamkeit gepaart mit empfundener Entmündigung. Die betagte Frau vegetiert in ihrem Rollstuhl in ihrer Altersresidenz vor sich, ohne Kontakt zu Familienangehörigen und anderen Bewohner*innen:

> „Viel größer als die Angst, zu sterben, sei (...) die Angst, in Unwürde und ohne Sinn zu leben.“[29]

Der Artikel beschreibt mitfühlend und nachdrücklich die empfundene Einsamkeit der Frau, und was Leben auch heißt: selbstbestimmtes Leben und Sterben.

Der Wunsch nach dem baldigen Tod scheint vor allem die Ohnmacht angesichts des als extrembelastend empfundenen Ausnahmezustands auszudrücken – emotional so belastend, dass nur

---

[27] Siehe Annette Berger: Existenzangst und soziale Isolation: *Ansturm auf Telefonseelsorge in der Corona-Krise, Stern* (20.3.2020).

[28] Siehe Imre Grimm: “Corona ist mir egal”: Warum Helga Witt-Kronshage (86) lieber sterben will, als eingesperrt zu sein“, *Redaktionsnetzwerk Deutschland* (23.4.2020), https://www.rnd.de/gesundheit/corona-ist-mir-egal-warum-helga-witt-kronshage-86-lieber-sterben-will-als-eingesperrt-zu-sein-3MEBDIOBEFA6BDULC4N-5WGZJG4.html

[29] Ibid.

der Tod die ersehnte Erlösung bringt. Wie vielen Alten, Betagten und Schwerkranken mag es ähnlich ergangen sein?

Dann gibt es die Menschen, die die Corona-bedingte Entschleunigung als Ressource empfinden, sich mehr Zeit für sich neben, das Alleinsein auch genießen. Eine alleinstehende Interviewpartnerin aus Wien um die 60 betont, dass

> „Wenn ich ehrlich sein darf, habe diese Art von Entschleunigung genossen, wenig los auf den Straßen, mehr Ruhe und Stille. Ich habe diesen Ausnahmezustand als eine auferlegte Bremse empfunden – Bremse in unserer schnelllebigen Zeit, wo Alles immer ganz schnell gehen muss. Ich war sehr viel alleine – mehr definitiv als sonst. Wenn auch in diesem Ausmaß ungewohnt für mich, konnte ich die Zeit auch genießen. Ich machte mehr Yoga, lies viel und versuche nach wie vor mich von den sozialen Medien fernzuhalten. Für mich war das irgendwie wie eine bezahlte Auszeit, die ich mir selber nicht gegönnt hätte."

Andere Befragte, die sich selber als extrovertiert sehen, finden diesen Ausnahmezustand emotional schwierig und sehr belastend. Sie verbringen sehr viel Zeit online, d. h. mehrmals stündlich mit Freunden und Familien. Man trifft sich zu virtuellen Dates, Abendessen oder schaut gemeinsam einen Film.

Und schließlich gibt es einige, die alle drei Verhaltensweisen in unterschiedlichen Ausprägungen durchlaufen haben – je nach Tagesform, gesundheitlichem Leiden unabhängig von CO-

VID-19, beruflichem Stress, Arbeitsverhältnissen, wirtschaftlicher Not, familiärer Einbindung und Belastung.

Aufgrund der vorliegenden Informationen kann man nicht rückschließen, dass alleinstehende Menschen mehr unter dem Corona-bedingten Ausnahmezustand leiden und sich einsamer fühlen als Menschen zu zweit oder im vertrauten Familienkreis. Wie einsam Menschen diese Zeit erleb(t)en, scheint eher von der Fähigkeit abzuhängen, wie selbstbestimmt jede/r Einzelne/n das Corona-bedingte fremdbestimmte Alleinsein gestalten konnte und kann.

Unabhängig von den aktuellen Auswirkungen des Virus müssen die gesundheitlichen Auswirkungen von Einsamkeit immer in einem bestimmten *sozio-politischen Kontext* gelesen und verstanden werden (siehe auch Kapitel 5).

Verschiedene Studien betonen z. B. die Auswirkungen der *Austeritätspolitik* in *Großbritannien* auf die psychische und mentale Gesundheit der Betroffenen: In vielen Industrieländern wurden drastische Kürzungen und Umstrukturierungen im Sozial-, Erziehungs- und Gesundheitsbereich vorgenommen, die in gewisser Weise den Nährboden für die verstärkte Vereinsamung der Gesellschaftswelt gelegt hat: Nachbarschaftszentren, soziale Einrichtungen und Begegnungsstätten wurden wegrationalisiert oder waren drastischen Kürzungen ausgesetzt. Das Ergebnis war, dass viele Menschen sich vermehrt einsam und sozial isoliert fühlten (siehe auch Knapp 2012).[30]

[30] Als illustrierendes Beispiel der Auswirkungen dieser Austeritätspolitik auf den Londoner Stadtteil Camden siehe Mhairi Aylott et al. 2012: An insight into the impact of the cuts on some of the most vulnerable in Camden. A Young Foundation report for the London Borough of Camden (July), *Young Foundation*.

Armut und Einsamkeit

Ein auffälliger Zusammenhang besteht zwischen *sozialer Armut und Einsamkeit* – Armut führt zu Einsamkeit, und Einsamkeit verstärkt Armut: Das heißt, wenn jemand z. B. aufgrund von Arbeitslosigkeit keine finanziellen Mittel hat, sich am sozialen Leben zu beteiligen, gibt es weniger Möglichkeiten, mit Menschen in Kontakt zu treten und Beziehungen zu pflegen. Wenn jemand nicht in Beziehung mit anderen ist, fühlt er/sie sich nicht als Teil der Gesellschaft, erlebt sich als minderwertig und oft als ausgestoßen. Als *Außenseiter*in* fällt es der betroffenen Person schwer, dass Selbstbewusstsein und die Selbstsicherheit zu entwickeln, auf Menschen zuzugehen und eine neue Arbeit zu finden[31]. Einsamkeit kann dann sehr unterschiedliche und extreme Ausprägungen annehmen, die von Vereinsamung, sozialer Isolation bis hin zu Sozialphobie reichen und für die Betroffenen eine große psychische und physische Not darstellen können.

In alle westlichen Gesellschaften, die Materialismus und Leistung als wichtige Produkte einer *Leistungs- und Erlebnisgesellschaft* (siehe Schulze 2005) ansehen und leben, wirkt soziale Armut schnell ausgrenzend: Soziale Armut und Einsamkeit entwickeln sich schnell zu einem *Scham besetzten Teufelskreis*.

Wie weit sich dieser Teufelskreis mit COVID-19 noch beschleunigt hat, kann ich im Frühjahr 2020 nur vermuten. Zum Zeitpunkt des Verfassens dieses Buches lagen noch keine wissenschaftlichen Untersuchungen zum Thema Armut-Einsamkeit

[31] Für nähere Beschreibung dieser Zusammenhänge siehe Beitrag der Deutschen Welle: Jung, alleinstehend, von Armut bedroht, Themen. *Deutschland DW* (17.3.2018), http://www.dw.com/de/jung-alleinstehend-von-armut-bedroht/a-42941206.

und Einfluss von COVID-19 vor. Existenzangst, Angst vor dem sozialen Abstieg und Einsamkeit beschäftigen dieser Tage viele Menschen – nicht nur Alleinstehende, Alleinerziehende und Selbstständige.

Pathologisierung von Einsamkeit

Die Forschung, die Medien und die Politik bedienen verschiedene Erklärungsmuster für die Ursachen, Folgen und (vermeintliche) Zunahme von Einsamkeit – zum Teil mit einem hochalarmierenden Ton wie z. B. bei Spitzer 2018, der Einsamkeit als „die Todesursache Nummer eins in den westlichen Ländern" einschätzt.
Die Diskussionen um das Buch von Spitzer haben die schon angesprochenen psychosomatischen Folgen von Einsamkeit stärker in die mediale und allgemeine Aufmerksamkeit gebracht. Und zweifelsohne ist es den internationalen Einsamkeitsstudien in den USA und in Europa zu verdanken, dass *chronische Einsamkeit* als *Vorstufe* und *Ursache von (ernsthaften) psychosomatischen* Krankheiten stärker in das Bewusstsein getreten ist.

Gleichzeitig stellt sich die Frage, wie hilfreich es ist, Einsamkeit als tödliche Krankheit zu bezeichnen und damit Betroffene, ein subjektives Empfinden und gleichzeitig ein soziales Phänomen zu pathologisieren (siehe auch Kapitel 5).

Die Beschäftigung mit der Menschheitsgeschichte legt die Schlussfolgerung nah, dass es Einsamkeit schon so lange gibt wie es Menschen gibt (siehe auch Kapitel 1). Der zeitliche Rückblick verdeutlicht, dass Einsamkeit nicht nur ein subjektives Gefühl ist, sondern immer auch ein *Spiegelbild gesellschaftlicher Phänomene*.

Wenn Menschen sich zunehmend isoliert oder einsam fühlen, hat das direkte und indirekte Auswirkungen auf unser Miteinander: Menschen fühlen sich nicht mehr als wichtige Mitglieder der Gesellschaft, und es brechen soziale Gefüge und der Gemeinschaftssinn auseinander. Wenn Menschen weniger in zwischenmenschlichen Beziehungen leben, findet kaum noch persönliche Kommunikation und lebendiger Austausch von Meinungen und Ideen statt. Es kommt vermehrt zu Missverständnissen und Konflikten. Verhaltensauffälligkeiten in der Form von psychosomatischen Erkrankungen wie Depressionen oder Suiziden (wie in dem Kontext von *Hikikomori*) oder von der Übernahme von radikalen Ideologien nehmen tendenziell zu.

Die Philosophin Hannah Arendt hat schon frühzeitig auf diese potentiellen Auswirkungen von chronischer Einsamkeit (im Deutschen oft in Arendts Werken als Verlassenheit übersetzt) hingewiesen[32]: Die Erfahrung der Einsamkeit ist nach Arendt die Grunderfahrung menschlichen Zusammenseins in totalitären Herrschaften und treibt Menschen schneller in totalitäre Bewegungen (siehe Arendt 1986).

[32] Arendts Werke werden im Original, d.h. im Englischen, und in der deutschen Übersetzung gelesen und zitiert. Unterschiedliche Auflagen und Übersetzungen benutzen unterschiedliche Begriffe von Einsamkeit und Alleinsein (und widersprechen sich zum Teil gegenseitig). In einige Übersetzungen wird der englische Begriff *loneliness* mit *Verlassenheit* übersetzt und dann in anderen Werken wird Einsamkeit (Übersetzung von *loneliness*) als *solitude* gesehen und damit eine grundsätzliche andere Erfahrung als Verlassenheit gesehen. Ich werde Arendts Begrifflichkeiten meinem Verständnis der Begriffe anpassen, um nicht zu einer größeren Verwirrung beizutragen: Arendt spricht von “modes of being alone”: Solitude: meinem positivem Verständnis von Alleinsein, isolation: was ich mit Isoliertheit und soziale Isolation übersetze und loneliness: meinem Verständnis von Einsamkeit, was in vielen deutschen Übersetzungen mit Verlassenheit übersetzt wird.

Ein unverbindliches zwischenmenschliches Umfeld und mangelnde bedeutungsvolle Sozialkontakte im Alltag und Beruf werden große Risikofaktoren für Einsamkeit bleiben, wenn sie nicht von der Politik sowie Gesundheits- und Sozialbehörden ernstgenommen und adäquat adressiert werden. Diese Punkte werden ausführlicher in Kapitel 5 aufgegriffen.

Einsamkeit durch soziale Medien

Die Ursachen für Einsamkeit sind vielfältig – so vielfältig wie die Menschen, die darunter leiden: Sie reichen von persönlichen Erlebnissen und Empfindungen bis hin zu sehr objektiven Umständen: Der *demographische Wandel, die Urbanisierung, die Individualisierung* und *Kompartmentalisierung*[33] der (westlichen) Gesellschaften und die damit verbundene *Veränderung der traditionellen Familienstrukturen und Lebensweisen* in den letzten 40 bis 50 Jahren werden oft als objektive Erklärungsmuster genannt. Die Medien und die Politik verweisen schnell auf die Rolle der Informationstechnologie und die Nutzung von *sozialen Medien* als Haupterklärungsmuster für die Zunahme der Einsamkeit in den letzten 10 bis 15 Jahren, vor allem unter Jugendlichen und jungen Erwachsenen.

Interviews mit jungen Erwachsenen in Europa und in den USA unterstreichen, dass der Konsum von sozialen Medien vielen das Gefühl gibt, eigentlich „nie wirklich allein zu sein". Oder in den selbstkritischen Worten einer Deutsch-Amerikanerin:

[33] Kompartmentalisierung bezeichnet hier die Trennung und Abschottung von Lebensbereichen und Rollen in einer Gesellschaft: Ein liebevoller Vater kann ein herrschsüchtiger und rücksichtloser Geschäftsmann sein – diese Rollen und unterschiedliche Verhalten aber nicht als widersprüchlich empfinden.

> „Bei mir und meinen Freunden kommen Gefühle des Alleinseins oder der Einsamkeit eigentlich gar nicht erst auf. Durch soziale Medien bin ich immer mit anderen irgendwie verbunden...ok, das ist nur virtuell...aber immer non-stop.“

Oder wie eine Engländerin lakonisch attestiert “all my friends are on facebook, but not here”.

Der dauernde virtuelle Kontakt vermittelt vielen das Gefühl, flexibel und eigenbestimmt über die eigene Zeit und Beziehungen zu entscheiden. Man ist *permanent in Kontakt ohne* wirklich in (sozialer) Beziehung zu sein. In diesem Sinne sind Menschen zunehmend *alone together* und *connected, but alone*. Oder wie eine Befragte um die 20 kritisch und selbstironisch vermutet “we text in order not to talk”.

Gemeinsam einsam beschreibt vielleicht am besten den Zustand vieler Gesellschaften: Wir, Millionen von Menschen, sind online und virtuell miteinander verbunden. Die Art der heutigen Kommunikation, z. B. in Form von Sprach- und Textnachrichten, erzeugt das unmittelbare Gefühl, direkt am Leben des anderen teilzunehmen, obwohl man an einem völlig anderen Ort lebt und in unterschiedlichen Arbeits- und Lebenswelten eingebunden sein mag.

Der Online-Kontakt wird zu einem *quick fix* an sozialen Beziehungen, der mir das Gefühl gibt, ich bin o.k., werde gesehen und akzeptiert für das, was ich bin oder wie ich gerne gesehen werden möchte.

Gleichzeitig schleicht sich ein fataler Nebeneffekt ein, den ich nach Shimi Cohen folgendermaßen zusammenfassen und übersetzen möchte[34]:

> „Wir glauben, dass je mehr vernetzt wir sind, desto weniger fühlen wir uns allein und einsam. Wir sind in Gefahr, weil genau das Gegenteil wahr ist.“

Robert Misik bringt es in der schweizerischen Tageszeitung Neue Züricher Zeitung auf den Punkt, wenn er von der Einsamkeit spricht, „die noch nie so gut vernetzt war wie heute.“[35]

So vernetzt die Einsamkeit sein mag, so vielschichtig bleiben der Einfluss und die Rolle der sozialen Medien und der Informationstechnologie auf die subjektiv erlebte Einsamkeit: Aktuelle Forschungsergebnisse belegen, dass der tägliche Gebrauch von sozialen Medien wie z. B. Facebook und Instagram tendenziell dazu beträgt, sich einsam und depressiv zu fühlen (siehe Hunt at al. 2018). Viele Psychologen haben in den letzten Jahren davor gewarnt, wie gefährlich es für die menschliche, vor allem kindliche und jugendliche, Psyche sei, wenn immer häufiger die realen und persönlichen Kontakte durch Online-Kontakte ersetzen würden[36].

---

[34] Siehe YouTube-Video *The Innovation of Loneliness von Shimi Cohen* (2013), (Übersetzung CR). Siehe auch TED-Talk *connected, but alone? von Sherry Turkle* (2012) zu der Verbindung von sozialen Medien und Einsamkeit.

[35] Siehe Robert Misik: Zeitdiagnose Einsamkeit, *Neue Züricher Zeitung* (25.7.2018).

[36] Siehe z. B. Jonas-Erik Schmidt: Zu viel Internet – im Teufelskreis der Einsamkeit, *Die Welt* (19.3.2015).

Gleichzeitig legen die Forschungsergebnisse aber nicht die Schlussfolgerung nahe, dass Einsamkeit primär auf die alleinige Nutzung von sozialen Medien zurückzuführen sei. Kategorisch auf soziale Medien zu verzichten, sei nicht die Antwort. Vielmehr sollten wir lernen, soziale Medien ganz gezielt und bewusst einzusetzen.

Für viele Menschen – unabhängig ihres Alters – sind soziale Medien eine wichtige Möglichkeit, regelmäßig in Kontakt mit Freunden und Familie zu bleiben.

Viele meiner Interviewpartner*innen betonen, dass sie sich aufgrund der täglichen und teilweise permanenten Verbindung mit Freunden und Bekannten nicht einsam fühlen würden. In einer mobilen und zunehmend digitalisierten Lebens- und Arbeitswelt seien die sozialen Medien der *soziale Kitt* zwischen Menschen – oder wie eine japanische Interviewpartnerin sagt:

> „Ohne soziale Medien wären unsere Kontakte noch weniger sozial."

Diese Aussage trifft vor allem auf alle zu, die dank der sozialen Medien Familienkontakte und Freundschaften in verschiedenen Ländern oder Kontinenten pflegen. Es sind auch viele ältere, einsame und kranke Menschen, die soziale Medien wie Facebook nutzen, um mit anderen Menschen ins Gespräch zu kommen, Kontakte zu halten und neue aufzubauen[37]. Entscheidend ist somit, wie soziale Medien konkret benutzt werden, wieviel Zeit in Offline-Kontakte investiert wird und welche Qualität diese Kontakte haben.

---

[37] Für das Beispiel Großbritannien siehe Emma Elsworthy: Majority of over-65s often feel lonely and use social media to combat it, study finds, *The Independent* (17.10.2018).

Was passiert, wenn diese analogen und persönlichen Kontakte nicht selbstbestimmt, sondern von außen und radikal eingeschränkt werden?

Dieses Szenario konnten wir alle persönlich im Frühjahr 2020 erleben: *Gemeinsam einsam* spiegelt das tragende Lebensgefühl von Milliarden von Menschen, die im Frühjahr angesichts des Corona-Virus und der auferlegten physischen Distanz und sozialen Isolation, Familienangehörige, Freunde und Verwandte nicht persönlich treffen konnten. Der tägliche, regelmäßige oder sogar permanente Online-Kontakt wird für viele zur *Überlebensstrategie und zum täglichem Ritual:* Arbeitssitzungen finden virtuell statt, Kinder bekommen online Schulunterricht, Familienmitglieder treffen sich auf Zoom oder Skype zum gemeinsamen Essen, Liebespaare zum virtuellen Drink und Freude tagsüber online zum Kaffeeplausch.
Der Corona-Virus wird zur *Schnellbleiche* und wir lernen, wie wir mit *welcher Intensität soziale Medien* nutzen und brauchen, um Formen von sozialer Nähe und emotionaler Verbindung entstehen zu lassen. Die Menschen, die es nicht gewohnt sind, viel Zeit mit sich selber zu verbringen, erleben die Zeit der Quarantäne und Ausgangssperre als emotionale Ausnahmesituation. Oder in der Worten einer zugezogenen Münchnerin:

> „Ich bin zwar in keiner festen Beziehung, aber gewohnt ständig unterwegs mit Freunden zu sein. Ich bin eigentlich sehr selten alleine unterwegs und schon gar nicht zuhause. Das ist eine ganz schöne Umstellung. In den ersten paar Tagen fand ich es noch irgendwie aufregend … irgendwie anders…auch das nun ständige Homeof-

> fice ...das war neu - ständig nur noch Sitzungen online. Jetzt nach fast einem Monat, reicht es mir aber und ich bin zunehmend schlecht gelaunt ...mir fehlen die täglichen Kontakte auf der Straße, die vertrauten Blicke... irgendwie die Routine im Alltag und irgendwie Menschen um mich herum...Am meisten fehlen mir die Rituale, wie mein täglicher Kaffee am Morgen in meinem Lieblingscafé und meine Bar, nicht weit weg von hier... Ich skype jeden Abend mit einer guten Freundin und am Wochenende mit meiner Mutter und dann habe ich verschiedene Arbeitssitzungen über Zoom und bin auch noch ständig auf Facebook und Twitter. Merke zu viel online zu sein macht mich irgendwie nervös und gleichzeitig sehr müde (...) , aber nicht online zu sein, geht für mich gerade irgendwie auch nicht."

Die eingeschränkte Offline-Zeit war weltweit aber auch von berührenden Formen von *acts of kindness* d. h. Handlungen liebevoller Güte und Nächstenliebe bestimmt[38]: So gingen in verschiedenen Ländern Europas junge Nachbarn für Ältere und Kranke einkaufen, kleine Besorgungen erledigen und unterrichteten Kinder. In z. B. Großbritannien fanden sich ab Mitte März Informationszettel und Flyers zu Freiwilligendiensten in vielen Briefkästen. Und das britische staatliche Gesundheitssystem konnte sich von Anfragen nach freiwilliger Unterstützung kaum retten – 750.000 Freiwillige registrierten sich[39].

---

[38] Für konkrete Beispiele siehe YouTube-Video der englischen Gesundheitsorganisation *Mental Health Foundation: People Tell Us Why Kindness Matters* vom 7.5.2020.
[39] Siehe Karla Adam und Christine Spolar: 750,000 people volunteered to help Britain's NHS. Now they're being deployed, *The Washington Post* (8.4.2020).

Diese unkomplizierten Freiwilligendienste schafften einen sozialen und emotionalen Zusammenhalt in vielen Gemeinschaften, wie viele Betroffene berichten: Viele persönliche Berichte lassen darauf schließen, dass diese Freiwilligendienste wesentlich zu der mentalen Gesundheit der Betroffenen beigetragen haben, und das schmerzhafte Gefühl der Einsamkeit zumindest teilweise abgemildert werden konnte[40].
Spannend wird es sein, wie weit sich diese zum Teil neuen Arten der Nachbarschaftshilfe und gelebter Nächstenliebe auch in dem Alltag nach dem Ausnahmezustand weitergepflegt oder sogar institutionalisiert werden.

Suche nach Antworten

Angesichts des Ausmaßes von Einsamkeit, versuchen Politik und Gesellschaft, Antworten auf und Lösungen für *Einsamkeit als soziales Problem* zu finden.

In *Großbritannien*, wo nach offiziellen Zahlen über 9 Millionen Menschen von Einsamkeit betroffen sein sollen[41], hat die Regierung im Januar 2018 ein *Ministerium für Einsamkeit* ernannt und im gleichen Jahr eine *Strategie zur Bekämpfung von Einsamkeit vorgelegt*[42].

---

[40] Siehe YouTube-Video der *Mental Health Foundation* vom 17.5.2020.

[41] Siehe Campaign to End Loneliness, https://www.campaigntoendloneliness.org/loneliness-research/

[42] Zum genauen Wortlaut der Strategie und zum geplanten Vorgehen des Ministeriums siehe HM Government 2018.

Weltweit ist Großbritannien damit das einzige Land mit einem Ministerium und einer sehr detaillierten Strategie zur Bekämpfung von Einsamkeit in der Bevölkerung. Die Strategie sieht die Bekämpfung als *gesamtgesellschaftliche* und *ressortübergreifende Aufgabe,* die von der Privatwirtschaft, über das Wohnungs- und Transportwesen, den Freiwilligenvereinen und Familien bis hin zu den Regierungsinstitutionen getragen werden soll. Als besonders Betroffene werden Student*innen, Pflegepersonal, nicht-Englisch sprechende Migrant*innen, Sicherheitskräfte, Armeeangehörige und Kranke und Behinderte gesehen. Das geflügelte Wort der Strategie lautet *social prescribing:* Anstatt eines Medikamentes soll die behandelnden Ärzte einsamen Menschen einen Besuch in einem Verein, bei einer Freiwilligentätigkeit oder andere soziale Kontakte *verschreiben.*

In *Deutschland* hat das Thema Einsamkeit auch in die offiziellen politischen Entscheidungen Einzug gehalten und ist im Koalitionsvertrag zwischen CDU und SPD als eine soziale Herausforderung in der Seniorenpolitik benannt[43]. Im Jahr 2018 forderten – bis jetzt vergeblich – verschiedene CDU- und SPD-Politiker*innen eine ähnliche politische Gewichtung wie in Großbritannien und die Einrichtung einer Stelle im Gesundheitsministerium[44].

---

[43] Der Fokus auf *Senioren* wird klar z. B. bei dem gelaufenen Projekt zur Bekämpfung von Einsamkeit: So hat das Bundesministerium für Familie, Senioren, Frauen und Jugend (BMFSFJ) im März 2019 z. B. einen Fachkongress zum Thema „Einsamkeit im Alter vorbeugen und aktive Teilhabe an der Gesellschaft ermöglichen" durchgeführt. Für die Dokumentation des Kongresses siehe BAGSO – Bundesarbeitsgemeinschaft der Senioren-Organisationen e.V. (Hrsg.) 2019: Dokumentation des Fachkongresses Einsamkeit im Alter – aktive Teilhabe an der Gesellschaft ermöglichen, https://www.bagso.de/fileadmin/user_upload/bagso/03_Themen/Einsamkeit/Fachkongress/BAGSO_broschuere_fachtagung_einsamkeit.pdf

[44] Siehe z.B. Auch deutsche Politiker fordern mehr Einsatz im Kampf gegen Einsamkeit, *Der Spiegel* (19.1.2018).

Wie soll man die aktuelle politische Diskussion zu *Einsamkeit* in *Großbritannien* oder *Deutschland* einordnen?
Viele Kommentator*innen kritisieren, dass das Ausmaß der Einsamkeit eine *unmittelbare Konsequenz* und ein *direktes Resultat verfehlter Sozial-, Armuts- und Seniorenpolitik* sei. So kommentiert Jens Jessen in der *Zeit* für den deutschen Kontext treffend:

> „Da allerdings stößt die Politik auf die Folgen ihres eigenen Handelns. Der Bund hat seine Liegenschaften in den Innenstädten verhökert, anstatt auf eine sozial förderliche und begegnungsfreundliche Bebauung zu dringen. Die bundeseigene Bahn hat die Verkehrsverbindungen auf dem Land ausgedünnt. Die Kommunen haben in ihrer Gewerbesteuergier Einkaufszentren gefördert und Dörfer veröden lassen. Die Propagandamaschine, die mit der Agenda 2010 in Bewegung gesetzt wurde, hat den flexiblen Arbeitnehmer gefordert, der umziehen müsse, den Arbeitsplätzen hinterher, ohne Rücksicht auf Familie, Freunde, Kinder. Die Ich-AG wurde erfunden und mit ihr das Ideal eines Menschen, der für die Selbstvermarktung jede soziale Bindung und Rücksicht kappt."[45]

Man muss nüchtern attestieren, dass die Sozialpolitik der letzten 10 bis 20 Jahre in vielen Industrieländern wie *Deutschland*, *Großbritannien* und den *USA* (direkt oder indirekt) einen reichhaltigen Nährboden für Einsamkeit geschaffen hat: Prekäre Arbeitsverhältnisse – und damit Unsicherheit und Angst um das

[45] Jens Jessen: Biggest Brother, *Zeit online* (14.2.2018), https://www.zeit.de/2018/08/ministerium-einsamkeit-deutschland-politik (Hervorhebung CR).

persönliche, soziale und finanzielle Wohlergehen – haben z. B. in Deutschland nach der Agenda 2010 und um Hartz IV eher zu- als abgenommen.

Lösungsorientierte Antworten der Politik sollten Einsamkeit als *ressortübergreifende Aufgabe* verstehen – wie z. B. in Großbritannien – und nicht wie in Deutschland, wo Einsamkeit primär als Aufgabe der Renten- und Altenpolitik gesehen wird. Einsamkeit ist eine *gesamtgesellschaftliche Aufgabe* und betrifft genauso die Familien-, die Gesundheits- und die Bildungspolitik (Punkte, die in Kapitel 5 nochmals aufgegriffen werden).

Gleichzeitig gibt es in vielen westeuropäischen Ländern wie z. B. in *Großbritannien*[46], *Deutschland*[47] und der *Schweiz*[48] institutionalisierte und online organisierte Sozialkontaktangebote, die versuchen, Menschen – unabhängig von Alter und sozialem und wirtschaftlichem Status – mit anderen in Kontakt zu bringen: für gemeinsame Freizeitaktivitäten oder *Wahlverwandtschaften*[49], wenn der ersehnte Kontakt zu der eigenen Familie nicht mehr besteht.

Mögliche andere innovative und unbürokratische Ideen, wie eine Gesellschaft mit Einsamkeit konstruktiv umgehen kann, werden in den Thesen 4 und 5 vorgestellt.

---

[46] Siehe z. B. Silver Line (https://www.thesilverline.org.uk), eine kostenfreie Telefonhotline, die vor allem für ältere einsame Menschen eine Kontakt- und Anlaufstelle bietet.

[47] Wie z. B. Spontacts (https://www.spontacts.com).

[48] Wie z. B. Sozialkontakt (www.sozialkontakt.ch) und Spontacts (https://www.spontacts.com).

[49] Siehe Wahlverwandten e.V. (https://www.wahlverwandtschaften.org).

In den letzten Jahren wurde viele Ratgeber und viel Selbsthilfeliteratur zu den Themen Alleinsein und Einsamkeit herausgegeben (siehe z.B. Batchelor 2020, Eggerue 2018, Menzel 2017, Maitland 2014, Wagner 2011, Sartoriu 2006): Sie reichen von Tipps zur Kontaktaufnahme, Kommunikation, Beziehungspflege, Transformation von Glaubenssätzen und Lösung von Blockaden bis hin zu Fragen der spirituellen Antworten auf Einsamkeit.

Wieweit diese politischen, sozialen und spirituellen Angebote dazu beitragen, das Tabu rund um das Thema Einsamkeit zu brechen, mag man sehr unterschiedlich sehen – nicht zuletzt auch, weil es in der Menschheitsgeschichte schon immer zeitgemäße *Ratgeber* und *Treffpunkte* gab, wie z. B. in der Form von religiösen oder mythischen Überzeugungen, die emotionalen Halt und Erlösung bei Einsamkeit versprachen. An dem, wie wir als Gesellschaft mit Alleinsein, Einsamkeit und Betroffenen umgehen, hat sich relativ wenig geändert.

Fünf Thesen über Alleinsein und Einsamkeit

Fünf mögliche Wahrheiten zum Thema *Einsamkeit* und *Alleinsein* werden im Folgenden in der Form von Thesen in fünf Kapiteln diskutiert.
Es werden sehr verschiedene Facetten des Alleinseins und der Einsamkeit thematisiert: Politische, philosophische, psychologische aber auch persönlich-biographische Aspekte kommen zur Sprache.

Alle fünf Wahrheiten orientieren sich an meinen oben vorgestellten Definitionen von Alleinsein und Einsamkeit. Sie sind bewusst zugespitzt formuliert, verstehen sich als liebevolle Provokation, sich mit dem Thema Einsamkeit und Alleinsein anders oder neu auseinanderzusetzen und laden zur Diskussion ein.

These 1:
Das Persönliche ist politisch: Alleinsein und Einsamkeit sind immer persönliche, soziale und politische Phänomene.

These 2:
Der Ursprung menschlichen Handelns ist die Überwindung vor Einsamkeit.

These 3:
Der kulturelle Kontext beeinflusst, wie eine Gesellschaft mit Alleinsein und Einsamkeit umgeht. Verhaltensweisen allein oder in Gruppen werden unterschiedlich konnotiert.
Unabhängig von ihrem kulturellen Kontext scheinen Frauen anderen gesellschaftlichen Maßstäben und Glaubenssätzen zu Alleinsein und Einsamkeit zu folgen und ausgesetzt zu sein als Männer.

These 4:
Wir sollten lernen, über Einsamkeit zu reden und allein zu sein.

These 5:
Einsamkeit ist keine Krankheit. Chronische Einsamkeit – stillschweigend als Versagen Einzelner akzeptiert – ist das Resultat sozial-politischer Verwerfungen und Fehlentwicklungen.
Wie wir als Gesellschaft mit Einsamkeit und Alleinsein umgehen, spiegelt unsere Einstellung zum Leben und unser Verständnis von gelebter Demokratie und politischer Herrschaft wider.

Kapitel 1: Einsamkeit und Alleinsein als Lebensbegleiter

These 1:
Das Persönliche ist politisch: Alleinsein und Einsamkeit sind immer persönliche, soziale und politische Phänomene.

Sind Sie ungerne allein? Sind Sie öfters einsam und leiden darunter? Vielleicht haben Sie sich diese Fragen in ihrem Leben schon öfters gestellt. Vielleicht haben Sie diese Fragen aber auch bewusst verdrängt und durch gezielte Ablenkung, sich nie mit der eigenen Einsamkeit auseinandersetzen müssen. Vielleicht hat Sie die soziale Ausnahmesituation aufgrund von COVID-19 im Frühjahr 2020 gezwungen, erstmal bewusst mit Ihren eigenen Einsamkeit auseinander zu setzen. Vielleicht ist während des Corona-Virus, das Bedürfnis nach Zweisamkeit schmerzhaft präsent gewesen. Vielleicht haben Sie sich aufgrund Ihrer Biographie schon öfters mit Einsamkeit auseinandergesetzt, weil es ein Gefühl benennt, das Sie durch Ihr Leben begleitetet.

Egal, was Ihr Grund war und sein wird, sich mit der eigenen Einsamkeit auseinanderzusetzen, meistens ist es ja immer ein bestimmter Anlass, ein besonders einschneidendes Erlebnis oder eine Kette von Ereignissen, die uns auffordern, sich mit gewissen – auch gerade mit den schmerzhaften – Themen, ehrlicher und klarer auseinanderzusetzen.

Wie am Anfang des Buches besprochen bin ich durch das Zusammenspiel von Lebensbrüchen in 2014 herausgefordert worden, mich intensiver mit meiner Einsamkeit zu beschäftigen. Einsamkeit kenne ich in ganz verschiedenen Facetten schon seit Kindheitstagen: *Einsamkeit* als tiefes und gleichzeitig diffuses Gefühl von *Anderssein*, des *Nichtgesehenwerdens* und des *Abgeschiedenseins* - mal bewusster, mal auffälliger und mal schmerzhafter. Geredet habe ich selten bis gar nicht darüber, weil ich es immer als Begleiterscheinung von Anderssein oder Hochsensibilität abgetan habe.

Bei genauerem Nachspüren wurde mir schnell klar, dass mich Einsamkeit und Alleinsein auf verschiedenen Ebenen schon viel länger beschäftigen, und ich beide Zustände als sehr komplexe und zum Teil widersprüchliche und paradoxe Phänomene erlebt habe.

Erinnerungen an Einsamkeit

Die lebendigste und schmerzhafteste Erinnerung an Einsamkeit habe ich, als ich als Jugendliche schwer an einem Gehirntumor erkrankte: Während sich im nicht so weiten Tschernobyl (in der heutigen Ukraine) der bislang größte Unfall der Kernenergie ereignete und radioaktive Wolken über Deutschland zogen, kämpfte ich zwischen Leben und Tod.
Ich hatte seit Monaten unerklärbare Kopfschmerzen und so hohe Entzündungs- und Blutwerte, dass sie nicht mehr gemessen werden konnten. Die üblichen Eingriffe und Therapien bei Tumorerkrankungen, unter anderem auch einen operativen Eingriff durch die Nase, hatten bis jetzt nicht die erwünschte Verbesserung oder sogar Heilung erbracht. Da ich seit Monaten kein Hungergefühl

mehr hatte, war mein Körpergewicht lebensbedrohlich kritisch, und ich erhielt die sogenannte Astronautennahrung[50]. Ich erinnere mich wie gestern, als ich beim Blick in den Spiegel zu meiner Mutter sagte: „Ich sehe aus wie ein KZ-Häftling." Und ich weiß auch noch wie ich an einem Abend nach dem Zähneputzen und dem erneuten Blick in dem Spiegel vor mich murmelte „Wenn das mein Leben ist, dann will ich das nicht".

Ich hatte kein Zeitgefühl – durch die Nachrichten bekam ich am Rande mit, was sich draußen in der Welt abspielte. An Vieles kann ich mich wie gestern erinnern, dazu gehören viele kleine und leise Gesten der Fürsorge und Liebe – sei es des Pflegepersonals oder meiner Familie. Gleichzeitig fühlte ich mich so schmerzhaft einsam – vor allem wenn ich allein war, in der Nacht.

Meine Schulfreunde haben mich in dieser Zeit kein einziges Mal besucht – angeblich hatten ihre Eltern gesagt, dass es nicht gut für ihr seelisches Wohlergehen wäre, wenn sie mich besuchen und „in diesem Endzustand" sehen würden.

Erst nach vielen Jahren habe ich mir wirklich ehrlich eingestanden, wie oft sich meine Gedanken und die letzte Kraft sich um Suizid drehten. Ich habe auch dann erst verstanden, dass der Schmerz mir auch eine radikale Form von Ehrlichkeit geschenkt hat – nämlich ein klares und eindeutiges *Ja* zu diesem und meinem Leben zu sagen.

---

[50] Astronautennahrung ist eine hochkalorische Spezialnahrung zur Stärkung von stark unterernährten Patienten*innen.

Viele Freunde haben nach meiner langsamen Genesung gesagt, ich wäre danach nicht mehr die Gleiche gewesen – viel kämpferischer, leidenschaftlicher, kompromissloser und voller Galgenhumor. Das mag sein. Die Erfahrung hat definitiv die Sicht auf das Leben, Menschen und körperlichen und emotionalen Schmerz geändert. Was mir geholfen hat, mich ein bisschen weniger einsam zu fühlen, war das Lesen von Büchern. Auch wenn ich dazu nicht immer die Kraft hatte.

Erinnerungen als Einzelgängerin

Seit meiner frühen Kindheit faszinierten mich Einzelgänger*innen, die sich in Romanen oder im Alltag allein gegen den *Rest der Welt* stellen oder einfach eigenwillig und anders sind als die anderen.
Pippi Langstrumpf war für mich als Mädchen, Jugendliche und auch als junge Erwachsene lange ein Idol für ein selbstbestimmtes Leben. Politikerinnen, wie die ehemalige und leider schon viel zu früh verstorbene deutsche SPD Politikerin *Regine Hildebrandt,* die sich trauten, eine eigene Meinung fernab von der Parteidoktrin oder dem Mainstream zu vertreten, beeindruckten mich.
Dazu zählen auch Menschenrechtsaktivisten und Politiker wie *Nelson Mandela,* der als politischer Gefangener 27 Jahre in Haft verbrachte und weit über seinen Tod 2013 hinaus für viele Menschen weltweit ein moralisches und politisches Vorbild bleibt.
Oder auch der deutsche Staatsanwalt *Fritz Bauer,* der sich für die rechtsstaatliche Ahndung NS-Verbrecher – unter anderem Adolf Eichmann – einen Namen in dem Nachkriegsdeutschland machte – und damit „die Symbolfigur einer humanen Rechtsstaatlichkeit, einer Liberalisierung der Sitten, in einer noch autoritär gesinnten Bundesrepublik“[51] wurde.

Für meine Lieblingsphilosophin *Hannah Arendt,* mit der ich mich intensiv während meines Politikstudiums beschäftigte, waren Alleinsein und Einsamkeit Themen in ihren philosophischen Abhandlungen: Ohne Alleinsein kann der Menschen nicht (lernen zu) denken. Ein verantwortliches Leben braucht nach Hannah Arendt Denkerleben, Zeit mit sich selbst, damit überhaupt ein Innenleben und eine bewusste und kultivierte Innerlichkeit entstehen können.
Die Feministin *Simone de Beauvoir,* die in den 60er Jahren Gesellschaftsklischees und tradierte Geschlechterrollen radikal hinterfragte, beschrieb verschiedentlich Frauen, die sich einsam fühlten und nicht in die gesellschaftlichen Genderrollen passten (siehe LeBon de Beauvoir 1999)[52].
Im Hinblick auf die damals existierenden Geschlechterrollen betonte sie:

> „...der Mann sucht sich durch die Ekstase aus seiner Einsamkeit herauszureißen: Das ist der Zweck der Mysterien, Orgien, Bacchanale.“ (Beauvoir 1951)

---

[51] Jan Feddersen: Fritz Bauer war der bessere 68er, *taz* (1.7.2018).

[52] Als Beispiel ist hier der Roman Les belles images *(Die Welt der schönen Bilder)* von *de Beauvoir* genannt: Er setzt sich kritisch mit den materiellen Werten und der Doppelmoral der Neureichen in den 60er Jahren in Frankreich auseinander. Die Protagonistinnen sind die Mutter Laurence und ihre Tochter, die Teil dieser Gesellschaft sind und sich in ihr verlieren.
Simone de Beauvoir selber betont, dass sie gerne allein sei. So schreibt sie zum Beispiel in einem Brief an ihren Liebhaber und Schriftsteller Nelson Algren:
„Ich möchte vom Leben alles. Ich möchte eine Frau, aber auch ein Mann sein, viele Freunde haben und allein sein, viel arbeiten und gute Bücher schreiben, aber auch reisen und mich vergnügen, egoistisch und nicht egoistisch sein (...).“
Mit zunehmendem Alter unterstreicht sie allerdings, dass alt zu werden und einsam zu sein das Schlimmste sei. Siehe LeBon de Beauvoir 1999.

Meine Lieblingsbücher von *Hermann Hesse* wie *Demian* und *Der Steppenwolf* waren nicht nur meine Pflichtschullektüre, sondern Ausdruck von meinem Lebensgefühl und meiner Gesellschaftswahrnehmung als Jugendliche Anfang der 80er Jahre: Erst als ich sie im Zuge des Buchschreibens nochmals hervorholte, fiel mir auf, wie sehr sie sich auch um Fragen der Einsamkeit und des Andersseins drehten.

Fühlten sich diese Idole meiner Jugend und meines Erwachsenseins einsam? Ich weiß es nicht – vieles, was sie schrieben oder über sie inzwischen geschrieben wurde, lässt durchaus diesen Schluss zu: Alle diese Persönlichkeiten waren nicht nur in wichtigen Phasen ihres Lebens allein, sondern haben weitreichende Entscheidungen allein und/oder gegen eine Mehrheit getroffen.

Es spricht viel dafür, dass – wie die Idole meiner Kindheit – Individuen, die den Mut zur eigenen Meinung und Sicht der Welt haben, und gegen den Strom schwimmen, sich einsamer fühlen als Menschen, die nach Mehrheitsvorstellungen leben. So betont ein Interviewpartner und Universitätsprofessor aus England:

> „Als Veganer in den 80er Jahren wurde ich immer schräg angeguckt und belächelt. Ich hatte ständig den Eindruck, dass ich mich rechtfertigen muss. Ich hatte eine sehr kleine Gruppe von Freunden, die auch Veganer waren. Als ich dann in eine andere Stadt zog und niemand kannte, der auch vegan lebte, merkte ich, wie sich Einsamkeit anfühlen kann. Essen als soziales Ritual und Gemeinschaft mit anderen war dann immer sehr

schwierig – sehr selten wurde ich zum Abendessen eingeladen. Heute ist vegan sein eine Frage des Lifestyle und in Orten wie London oder Brighton gesellschaftlich akzeptiert und absolut normal. Für mich gehört sozialer Wandel und Einsamkeit zusammen: Radikalen sozialer Wandel auszulösen oder voran treiben zu wollen, wird immer begleitend sein, von einer Einsamkeit, einer ganz tiefen und speziellen Form von Einsamkeit. Diese Einsamkeit gehört irgendwie zum Anderssein dazu. Sie ist präsent und löst sich wohl nur auf, wenn eine Minderheitenhaltung zur der Mehrheitshaltung wird."

Ich habe auch lernen dürfen, dass Einsamkeit entsteht, wenn man seinen ganz eigenen Weg geht – fernab von dem gesellschaftlichen Mainstream und vorgegebenen und tradierten Geschlechterrollen und Lebensmodellen. Meine beruflichen und privaten Entscheidungen schienen sehr oft nicht den üblichen Mehrheitsvorstellungen zu entsprechen: Ich engagierte mich mit 13 Jahren bei der Menschenrechtsorganisation Amnesty International, reiste mit knapp 18 Jahren allein nach Israel, lebte in einem Kibbuz und verliebte mich in einen Palästinenser. Ich studierte und engagierte mich politisch. Ich liebte es bunt und unkonventionell zu denken, nicht in Schubladen zu passen und meine Fragen nach dem Sinn meines Lebens auf meine ganz eigene Art zu beantworten. Ende 30 heiratete ich nach drei Monaten Beziehung und gab eine unbefristete, gut bezahlte Leitungsstelle in der Schweiz für eine befristete und schlechtbezahlte Traumstelle in Sierra Leone auf.

Meine eigene Einsamkeit konnte ich – wie ich es heute sehen würde – durch ein Überengagement für politische und soziale Zwecke gut *überdecken* oder zumindest abschwächen. Ich habe die eigene Einsamkeit – eher unbewusst – verdrängt oder sie gar nicht erst aufkommen lassen. *Volles Programm, intensiv leben, ständig unterwegs* – so könnte ich vielleicht am besten meine 20er- bis 30er Lebensjahre zusammenfassen. Einsamkeit passte da sogar nicht zu meinem Selbstbild. Außerdem war ich auch immer gerne und viel allein: Ich bin viel und oft allein gereist, und habe die Zeit allein auch immer genossen. Das erschien aber immer irgendwie erklärungsbedürftig und *anormal*.

Erst mit einem gewissen zeitlich Abstand zu den persönlichen Ereignissen ist mir klarer und deutlicher geworden, wie stark Fragen von Alleinsein und Einsamkeit nicht nur ganz persönliche Phänomen sind, sondern immer in einem bestimmten sozialem und politischem Kontext zu sehen sind (siehe auch Kapitel 5).
Wie weit Einsamkeit ein persönliches und gleichzeitig auch ein soziales und politisches Phänomen ist, möchte ich ausschnittsweise anhand meiner Biographie als Kriegsenkelin und anderer Kriegsenkel*innen aufzeigen.

Erinnerungen als Kriegsenkelin

Als Kriegsenkel*innen wird die Generation bezeichnet, deren Eltern während des Nationalsozialismus und des Zweiten Weltkrieges geboren wurden bzw. Kinder waren (die sogenannten *Kriegskinder*) (siehe z.B. Bode 2009, Dautel 2019, Lohre 2016, Meyer-Legrand 2016, Roberts 1998, Schmidbauer 2008 und Schneider und Süss 2015). In Deutschland wird die Begrifflichkeit der Kriegsenkel*innen inzwischen oft als Selbstbezeichnung für die Geburtenjahrgänge um circa Anfang 1960 bis Anfang und Mitte der 70er Jahre benutzt[53].

Meine beiden Großväter waren Soldaten im Krieg – der Vater mütterlicherseits war in Frankreich stationiert, und der Vater väterlicherseits war als Major in Russland und bis 1955 als Gefangener in Buchenwald.
Meine Großmutter väterlicherseits wirkte wie eine gebrochener Seele – traurig, kalt, abwesend und sehr unnahbar. Ich kann mich nicht erinnern, sie jemals lachend gesehen zu haben.
Meine Großmutter mütterlicherseits liebte – zumindest nach außen – das Leben, das Reisen und die Mode: Sie war eine *liebevolle Herrscherin,* die viel gab, sich für ihre Enkeln engagierte und gleichzeitig Widerstand und Anderssein mit Liebesentzug, seltener mit körperlicher Züchtigung, quittierte. Meine Großmutter hatte Lieblingsenkel und ich gehörte definitiv nicht dazu. Bis ins hohe Alter behandelte sie meine Mutter als Kind, das zu parieren hatte: Wünsche und Aufforderungen wurden im Befehlston durchgegeben.
Wichtig in meiner Kindheit war *anständig zu sein, sauber zu bleiben, was die Nachbarn denken, es im Leben zu etwas zu bringen und besser als der Rest zu sein.* Diese Glaubenssätze und eine protestantische Arbeitsmoral waren Grundparameter meiner Jugend und familiären Erziehung.

---

[53] Darüber hinaus ist eine Bewegung verstanden, die sich auch als Verein *Kriegsenkel e.V.* institutionalisiert hat.

In meiner Ursprungsfamilie galt immer der Mythos der guten Nazis – frei nach dem Motto „es waren alle in der Partei“ oder „wir wussten nicht was passiert“. In meinem Elternhaus gab es sehr viele Sachbücher zum Nationalsozialismus, Holocaust und Geschichtsbücher – geredet wurde in unserer Familie aber eigentlich nie über die Rolle der Familien während des Holocausts und des Nationalsozialismus. Und wenn geredet wurde, dann waren es die immer gleichen Erzählungen von Vertreibung, Elend, Entrechtung und Entbehrungen.
Meine diversen Versuche mehr über die Familiengeschichte zu erfahren, und vor allem über die Rolle meines Großvaters in Buchenwald, liefen ins Leere – verbal und non-verbal wurde mir sehr klar signalisiert, dass Fragen nicht erwünscht waren.

Für sehr viele Kriegsenkel*innen, die ich interviewen durfte, ist Einsamkeit – wie für mich – ein Grundgefühl, das viele kennen „seit sie denken“ können. Viele reden mit mir über ihre Einsamkeit mit großer Betroffenheit, aber auch mit viel Offenheit, Schalk und Humor.
Eine Interviewpartnerin spricht von Einsamkeit als

> „einem alten Kleid, das vielleicht anders aussieht, aber immer noch passt und sehr vertraut ist.“

Andere befragte Kriegsenkel sehen es eher als diffuses Gefühl des *Nichtdazugehörens*, das sich anfühlt wie „frei zu schweben“. Andere wiederherum beschreiben Einsamkeit als *Gefühl des Isoliersteins* und sprechen von dem Bild der „unsichtbaren Mauer“. Eine Interviewpartnerin benutzt das Bild einer „Herzmauer“. Diese Metapher beinhaltet sowohl eine Grenze zu anderen als auch zu sich selbst – mit anderen und sich selber nicht verbunden zu sein.

Viele Kriegsenkel*innen verstehen Einsamkeit als ein Grundgefühl des *Andersseins*, *Fremdseins* und des *Verlassenseins*. *Mutterseelenallein* ist ein Synonym was viele verwenden, um ihr Gefühl von Einsamkeit zu beschreiben.
Das Gefühl des Mutterseelenalleinseins hat für Kriegsenkel*innen viele verschiedene Gründe: Einsamkeit ist für viele das Resultat und die Begleiterscheinung einer familiär bedingten Bindungsstörung.
Viele Kriegsenkel berichten, wie sie früh zum Container der Ängste und Sorgen der Kriegskinder – ihrer Eltern – wurden: Wahrnehmungen und Bedürfnisse der Kinder hatten keinen oder wenig Raum, und wenn, dann nur zur emotionalen Befriedigung der Bedürfnisse der Eltern.
Biographien der Kriegskinder sind charakterisiert von Vertreibungen, Not, Elend und Verlust. Viele Kriegsenkel haben ihre eigenen Eltern als emotional überfordert und einsam erlebt. Für Familien, die von Vertreibung, zum Teil Mehrfachvertreibung betroffen waren, ist das *Gefühl des Anderssein das identitätsstiftende Merkmal* der eigenen Familie: Sehr oft wurde die geflüchtete Familie widerwillig in die Herkunftsgemeinschaft aufgenommen und dieses Anderssein prägt Familiendynamiken.

Viele befragte Kriegsenkel erlebten – so wie auch ich – ihre eigene Familie als hochgradig dysfunktional und direkt oder direkt von psychosomatischen Störungen, in der Form von z. B. Alkoholsucht, Drogensucht oder Magersucht betroffen. Viele Kriegskinder leisteten die emotionale Arbeit in der Familie. Es findet oft eine Umkehr der Rollen statt: Die Kinder übernehmen die Rollen der Eltern *(Parentifizierung)*. Diese *Rollenumkehr* findet oft auch in der Generation der Kriegsenkel statt. Viele der Kriegsenkel hatten früh gelernt, dass sie keine emotionale Unterstützung von ihrer unmittelbaren Umgebung erhalten oder erwarten dürfen. Gleichzeitig empfinden einige Kriegsenkel emotionale Nähe auch in den Jahren als Erwachsene schnell als *Bedrohung* und *Reizüberflutung*.

Die interviewten Kriegsenkel*innen entwickelten sehr früh ein Feingespür für emotionale Schwingungen. Dieses Gespür schaffte vermeintlich eine emotionale Sicherheit und auf eine gewisse Weise auch eine Art Kontrolle über die unberechenbaren Familiendynamiken. Ihre eigenen tiefen emotionalen Bedürfnisse nach Anerkennung und ein „großer geistiger und emotionaler Hunger" bleiben auf der Strecke. Es entstand eine *emotionale Leere*, die viele als Überlebensstrategie gelernt haben „wegzudrücken" oder zu „verdrängen".

Viele Kriegsenkel*innen beklagen, dass sie ihr Selbstbewusstsein und Selbstliebe hart erarbeitet haben. Schicksalsschläge und Krankheiten haben sie sehr oft gezwungen, sich mit der eigenen Geschichte auseinanderzusetzen und grundlegendes Selbstwertgefühl zu entwickeln. Einige Kriegsenkel*innen konnten es in liebevollen Begegnungen, Beziehungen und Freundschaften erlernen – andere leiden bis heute unter dem Mangel an Selbstliebe und Selbstwertgefühl.
Gleichzeitig kennen viele Kriegsenkel*innen *diffuse Gefühle* von *Schuld*, *Scham* und *Angst*, mit denen einige von ihnen auch in ihrer Lebensmitte immer noch zu kämpfen haben.

In vielen Familien der Kriegsenkel*innen ist der Zweite Weltkrieg ein Tabuthema oder aber es bestehen *Familienmythen* über *die guten Nazis*. Viele haben nie in der einmaligen Familie über die eigene Einsamkeit gesprochen – sehr oft bis heute nicht.

Umgang mit Einsamkeit

Ein gemeinsamer Nenner bei vielen Kriegsenkel*innen scheint die gelebte Ansicht, Einsamkeit nicht zu verdrängen, sondern bewusst und achtsam zuzulassen. Was eben auch bedeutet, emotionalen Schmerz zuzulassen und auszuhalten.

Eine Interviewpartnerin spricht mir aus der Seele und bringt es sehr plakativ auf den Punkt: „Ablenkung und Betäubung gehen immer, bringen aber rein gar nichts."

Wo *Ablenkung und Betäubung* anfangen und aufhören, ist sehr subjektiv: Was für andere oder für einen selbst nach einem durchstrukturierten und selbstbestimmten Alltag und Leben aussieht, kann auch eine bewusste oder unbewusste Art der Ablenkung sein, sich nicht mit dem eigenen Seelenleben auseinanderzusetzen.

Es fällt auf, dass viele Kriegsenkel gelernt haben, einen konstruktiven Umgang mit Einsamkeit zu entwickeln und einige haben sehr klare Vorstellungen, was eine konstruktive und destruktive Art des Umgangs ist. Andere sprechen von „Lieblingsstrategien", die sie entwickelt haben, um mit ihrer eigenen Einsamkeit klar zu kommen. Einige der Kriegsenkel haben sich schon als Kind z. B. durch das Lesen eine „Parallelwelt" geschaffen, die ihnen geholfen hat, der eigenen Einsamkeit zu entfliehen. Andere helfen sich mit Sport treiben, in der Natur sein und Spaziergängen im Wald. Ein wichtiges und tragendes Moment ist den eigenen Körper durch Bewegung und in der Natur zu spüren.

Das scheint vor allem für diejenigen zu gelten, die Einsamkeit als mangelnde Verbindung mit sich selbst definieren.

Viele Kriegsenkel*innen sind auch gerade virtuell mit anderen zu Lebensthemen (wie z. B. die emotionale Beziehung zu den eigenen Eltern) verbunden: Der Austausch mit Gleichgesinnten hilft vielen auch, einen konstruktiven Umgang mit der eigenen Einsamkeit zu finden. Andere Kriegsenkel laden bewusst „präventiv“ regelmäßig Freunde ein, um sich nicht allein zu sein und einsam zu fühlen.

Als klar destruktive – wenn auch vertraute – Umgangsformen mit Einsamkeit sehen viele Drogenkonsum, das übermäßige Konsumieren von sozialen Medien und die permanente Ablenkung mit Video- und Fernsehschauen.
Die genannten Strategien sind keineswegs einzigartig für die Generation der Kriegsenkel*innen. Es fällt aber auf, dass es bei meinen Interviewpartner*innen vor allem die Kriegsenkel sind, die sich viel mit ihrer eigenen Einsamkeit auseinandergesetzt haben und dem Thema gegenüber offen, selbstkritisch und auch abgeklärt erscheinen.

Ich kenne alle der erwähnten Strategien – und ja, Ablenkung und Betäubung mögen bewusste und unbewusste Reaktionen sein, die zeitlich befristet wirken. Die einzige bewährte langfristige Strategie bleibt für mich, den Schmerz anzuerkennen zu lernen, ihn als Ressource zu sehen und als Einladung sich mit den eigenen Ängsten und Bedürfnissen ehrlich auseinanderzusetzen.

In meinem Rückblick bleibt, dass seinen eigenen Weg zu gehen und sich selber treu zu bleiben, sehr einsam machen kann – und gleichzeitig ist es eine große Ressource, Kraftquelle und Inspiration für sich und andere.
Darauf weist Meyer-Legrand (2018) in ihrer Analyse der Lebenswege von Kriegsenkel in Deutschland zurecht sehr treffend hin. Das habe ich auch immer so erlebt bzw. versucht zu leben. Gleichzeitig ist mir aufgefallen, dass *seinen Wegen zu gehen* als Stärke zu sehen in dem Moment oft schwieriger erscheint als im Nachhinein.
Lebenswege, die fernab vom Mainstream verlaufen und nicht Mehrheitsbedürfnisse repräsentieren, fallen auf und erscheinen – mal mehr, mal weniger – erklärungsbedürftig. Je nachdem, in welcher Resonanz und welcher Verbundenheit man mit der gegebenen Gesellschaft lebt, kann das für die betroffene Person anstrengender sein und sie noch einsamer fühlen lassen. Jemand, der/die ständig das Gefühl hat, sich erklären und rechtfertigen zu müssen, wird weniger die Gemeinschaft und Geselligkeit mit anderen suchen bzw. wenn, dann nur mit denen Menschen, die ähnlich ticken wie er/sie.

Gleichzeitig hat mir der biographische Zugang geholfen, meine eigene Einsamkeit auch als soziales Phänomen zu sein – und sich aufzumachen in dem Persönlichen das Politische zu sehen (siehe Kapitel 5).

Kapitel 2: Überwindung von Einsamkeit als Menschheitsaufgabe

These 2:
Der Ursprung menschlichen Handelns ist die Überwindung von Einsamkeit.

"... all human desires and actions are ultimately grounded in the attempt to escape our sense of being condemned to loneliness."[54] *Ben Lazare*

Die These und das Zitat klingen dramatisch, radikal und verkürzt. Und in der Tat: Die Wahl einer/s Partner*in/s und der Wunsch, eine Familie zu gründen und in einer Beziehung zu leben, eine Wohn- und Lebensform zu wählen, einer bestimmten beruflichen Karriere nachzugehen, basieren zweifelsohne auf ganz verschiedenen Faktoren und Lebensumständen.

Viele Menschen – vielleicht auch Sie – haben sich ganz bewusst für ein Leben in der Zweisamkeit oder Gemeinschaft entschieden: Sie verfolgen dementsprechende Lebensziele, die für Sie den primären Lebenssinn darstellen, wie das praktische Teilen, das Zusammenleben mit anderen und das sinnliche Erleben.

„Es ist nicht gut, daß der Mensch allein sei."
Bibel, Genesis 2:18

Ich behaupte, dass bei allen diesen Lebensentscheidungen unbewusst die Überwindung der Einsamkeit zu Grunde liegt.

[54] Lazare 2012: Kapitel 4.1 e.V. institutionalisiert hat.

Wenn man in die Menschheitsgeschichte blickt, fällt auf, dass sich alle bekannten, meist männlichen, Philosophen, Dichter und Schriftsteller mit Fragen der Einsamkeit beschäftigt haben. Entweder schrieben sie lange Abhandlungen, die das Gefühl der Einsamkeit dramatisch und emotional umschrieben oder aber entwickelten Thesen und konkrete Ideen, wie die Einsamkeit überwunden werden könnte (siehe auch Stoiser 2013).

Eindrückliche Auseinandersetzungen finden sich in der Einsamkeitsdichtung, im Nihilismus und in den Werken des 19. und 20. Jahrhunderts von unter anderem Johann Wolfgang von Goethe, Hermann Hesse und ganz besonders auch bei Friedrich Nietzsche, Leo Tolstoi, Martin Buber, Jean-Paul Sartre und Emmanuel Lévinas[55]: Alle ihre Werke drehen sich mehr oder weniger um Anderssein, Einsamkeit, Vereinsamung, soziale Isolation und schwere Melancholie.

Hier kann nicht im Einzelnen auf diese Werke eingegangen werden (ausführlicher zu den einzelnen Werken siehe Lazare 2012). Ein Blick in die Menschheitsgeschichte, die Philosophie und entscheidende Verweise auf das Thema Einsamkeit sollen an dieser Stelle genügen. Trotz einiger positiver Interpretationen und Konnotationen von Alleinsein als Form der Selbstbesinnung und des selbstbestimmtes Rückzuges (ausführlicher diskutiert in Kapitel 4), überwiegt in der frühen und modernen Philosophie das tragende und bleibende Moment der Melancholie, Traurigkeit und Schwere von Alleinsein und Einsamkeit und die notwenige Überwindung von beiden Zuständen.

---

[55] Martin Buber und Emmanuel Lévinas haben sich beide in einzelnen Gesamtwerken mit Einsamkeit beschäftigt. Siehe auch Stuppner 2013.

Dem Leitmotiv, Einsamkeit zu überwinden, liegen drei Grundthesen über den Menschen zu Grunde, die sich durch die Geschichte der Philosophie und der Menschheit von der Antike bis zur Postmoderne ziehen und sich gegenseitig bedingen.

Ich behaupte, dass diese drei Grundprämissen nach wie vor als Glaubenssätze in unserer Gesellschaft präsent sind: Sie dienen für die meisten Menschen immer noch als oft wenig hinterfragte Referenzpunkte für individuelles Handeln und sind tief in gesellschaftlichen Leitzielen, Wertvorstellungen und Verhaltensweisen verankert. Diese Glaubenssätze beeinflussen unsere Bedürfnisse, Emotionen und Ansichten zum Thema Einsamkeit.

Zugehörigkeit zu anderen ist überlebenswichtig

Die erste These ist zentral für unser Grundverständnis vom Individuum und dem sozialen Zusammenleben und findet sich in allen Kulturen wieder:
Die Zugehörigkeit zu und Identifizierung mit anderen Menschen und einer Gemeinschaft ist zentral für das wirtschaftliche und emotionale Wohlergehen eines jeden Individuums.
Wenn man sich genauer mit der Geschichte der Menschheit beschäftigt, wird schnell klar, dass die Zugehörigkeit zu anderen Individuen und Kollektive über Jahrhunderte überlebenswichtig war: In der Evolution des Homo sapiens waren Andere entscheidend für das wirtschaftliche und emotionale Überleben eines jeden Einzelnen. Isolation konnte leicht und schnell tödlich enden.

So zieht sich die zentrale Bedeutung des Anderen für die eigene Entwicklung durch die gesamte Menschheitsgeschichte, die vor allem von brutalen Kriegen, Genoziden, Kolonialisierung, fatalen Hungerskatastrophen und Epidemien gekennzeichnet war: Angesichts brutaler Überlebenskämpfe gegen Erfrieren oder Verhungern war der Einzelne, sei es die Kriegsüberlebende, der Tagelöhner, die Kriegswitwe, der unterdrückte und versklavte Leibeigene oder die Vertriebene auf sozialen Kontakt und wirtschaftliche Unterstützung angewiesen, um zu überleben. Das Leben war so organisiert und strukturiert, dass niemand allein hätte überleben können. Um das Leben zu meistern, durfte und konnte man nicht allein sein. Alleinsein und Einsamkeit waren sehr schnell vorübergehende persönliche Erfahrungen, da Menschen im permanenten Austausch, in verschiedenen realen Abhängigkeiten und Interdependenzen zueinander standen (siehe auch Alberti 2029).

Wirtschaftliche Abhängigkeiten

Die *wirtschaftliche Abhängigkeiten* eines Einzelnen von anderen Individuen und vom Kollektiv hat sich durch radikale Entwicklungen der letzten zwei Jahrhunderten und vor allem auch in den letzten Jahrzehnten in den westlichen Ländern verändert. Zu diesen sozio-politischen, demographischen, wirtschaftlichen und technologischen Veränderungen gehören primär die Entproletarisierung durch Miteigentum und Mitsprache, die Säkularisierung, die Urbanisierung, die Ablösungsprozesse kolonialer Herrschaft und Ausbeutung, die Auflösung traditioneller familiärer Genderrollen- und Entscheidungsstrukturen, die medizinischen Errungenschaften wie die Einführung der Anti-Baby-Pille und die Digitalisierung und Globalisierung im 20. und 21. Jahrhundert. Die sozio-politische Ordnung hat sich mit diesen Entwicklungen grundlegend gewandelt: Das Individuum des 21. Jahrhunderts kann sich freier und unabhängiger in der Berufs-,

Partner- und Wohnungswahl entscheiden – eine Vielzahl Wahlmöglichkeiten, die so in dieser Form vor 50 Jahren im globalen Norden und Westen noch unvorstellbar gewesen wären.
In dem globalen Süden und Osten bildet die soziale Zugehörigkeit zu und wirtschaftliche Abhängigkeit von anderen gerade in kollektivistischen Kulturen nach wie vor das Fundament des gesellschaftlichen Zusammenlebens. Vermeintlich persönliche Fragen wie Berufs-, Partner- und Wohnungswahl werden nach wie vor sehr stark vom Kollektiv für das Individuum entschieden. Die Autorität gegenüber traditionellen Familienrollen und der wirtschaftlichen und sozialen Unterstützung der Familie – vor allem auch im Alter – wird erwartet.

Bei den Gesprächsteilnehmenden aus Südasien und Westafrika zeigten sich zwei tendenzielle Reaktionen, die als Spiegelbilder gesellschaftlicher Entwicklungen verstanden werden können.
Als *Anpassung* oder *Rebellion* kann man diese kurz und bündig zusammenfassen: Auf der einen Seite lernten Frauen und Männern, deren persönliche und beruflichen Wünsche nicht konform mit den Familieninteressen gingen, sich an sozio-kulturelle Gegebenheiten und familiären Druck anzupassen: Eigene Bedürfnisse wurden unterdrückt, ignoriert und dem Diktat der Familien und der *Kultur* unterworfen. Auf der anderen Seite unterstrichen einige Befragte wie tradierte gesellschaftliche Rollen und Strukturen sich zunehmend auflösen würden und gerade junge Frauen, kritischer und selbstbewusster auftreten würden. Inwieweit kulturelle Einflüsse nie linear und gleichförmig und gleichzeitig voller Widersprüche wirken, wird in Kapitel 3 nochmals aufgegriffen und genauer diskutiert.

Emotionale Interdependenzen

Die *emotionale Interdependenzen* und das Bedürfnis nach sozialer Zugehörigkeit bleiben zentral für die persönliche, menschliche Entwicklung in allen Kulturen. Es gibt ein grundlegendes tiefes menschliches Bedürfnis, mit sich und anderen in Verbindung, Nähe, Frieden und Gemeinschaft zu leben.
Das Bild aus der griechischen Mythologie illustriert diese emotionale und soziale Abhängigkeit sowie das Bedürfnis nach Zugehörigkeit: So wurde übermittelt, dass *Aiakos*, der Sohn von Zeus, bis zum Jünglingsalter allein und einsam auf Insel Ägina lebte[56]. Aiakos litt so unter dieser Einsamkeit, dass Zeus sich erbarmte und die Ameisen auf der Insel in Menschen – Männer und Frauen – verwandelte.[57] Nur durch ihre Präsenz und Interaktion mit ihnen, schaffte Aiakos zu überleben. Was ihm geholfen haben soll, seine Einsamkeit zu überkommen – so die Mythologie – war wohl auch der Umstand, dass er als Herrscher dieser Menschen seine Aufgabe, wenn nicht sogar seine Berufung gefunden hatte[58].

Heutzutage ist die Bedeutung der *emotionalen gegenseitigen Abhängigkeit* von uns Menschen wissenschaftlich belegt: So sind die schädlichen und potenziell tödlichen Auswirkungen auf Säuglinge und Kleinkinder bekannt, die nicht die nötige menschliche Nähe wie emotionale Fürsorge, Berührung und Zärtlichkeit erhalten[59].

---

[56] Siehe Emil Wörner: Aiakos, in Wilhelm Heinrich Roscher 2016 (Nachdruck der Ausgabe von 1884).

[57] Ibid.

[58] Ibid.

[59] In der Alltagssprache wird in dem Kontext von dem *Kaspar Hauser Syndrom oder den Wolfskindern* gesprochen, um so den Liebesentzug, die emotionale Vernachlässigung, Misshandlung und elterliche Fürsorge von Kindern zu betonen.

Die Trennung von einer sozialen Gruppe – etwa als Ausstoß aus der Familie und der Gesellschaft – und die verbundene soziale Isolation gilt auch bis heute nicht ohne Grund als die schlimmste Strafe, die Gesellschaftsgruppierungen über ihre abtrünnigen Mitglieder verhängen können. Als die brutalste Bestrafungs- und Foltermethode wird die Isolation in Form von Einzelhaft verstanden. Eindrücklich erzählt z. B. der amerikanische Journalist Terry Anderson in seinen Memoiren von seiner Folter und Gefangenschaft der Hisbollah Miliz im Libanon der Bürgerkriegsjahre (siehe Anderson 1994): Er schildert, wie die Einzelhaft und die Einsamkeit ihn fast in den Wahnsinn getrieben haben:

> "I am afraid I am beginning to lose my mind, to lose control completely." (Anderson 1994)

Wenn auch nicht unbedingt in Einzelhaft, so kennen Häftlinge soziale Isolation als Strafe für eine kriminelle oder politische Straftat.

Wie sich politisch verordnete, soziale Isolation anfühlt, konnten wir alle im Frühjahr 2020 erleben – je nach Art und Dauer der Ausgangsvorschriften, Regierungsentscheide und eigenen Wohnverhältnisse zweifelsohne sehr unterschiedlich. Die weltweite Ausnahmesituation aufgrund des Corona-Virus hat das tief menschliche Bedürfnis nach sozialer Beziehung, emotionaler Nähe und körperlicher Berührung auf sehr dramatische Weise unterstrichen. In diesem Zusammenhang sprechen einige Zeitgenossen von der „Einsamkeit der Haut“[60] und „körperlosen Kontakten“[61].

---

[60] Christine Richard: Und was ist jetzt mit Sex? Die Einsamkeit der Haut, *Basler Zeitung* (4.4.2020). https://www.bazonline.ch/die-einsamkeit-der-haut-504594942625.
[61] Ibid.

Die obigen Ausführungen zeigen, dass dem Verständnis über Einsamkeit und Alleinsein ein bestimmtes Menschenbild zugrunde liegt, dass in der nächsten These genauer beleuchtet wird: Das Bild des *Menschen als grundlegend soziales Wesen*.

Der Mensch ist ein soziales Wesen

Der *Mensch ist von Natur aus ein soziales Wesen oder Rudeltier.* Es war der griechische Philosoph Aristoteles (384–322 v.Chr.), der den Menschen als *Zoom politikon* d. h. den Menschen als politisches und soziales Wesen konzeptualisierte:
Für Aristoteles war der Mensch ein Gemeinschaftstier, das sich nur in der Gemeinschaft entfalten kann: Andere Menschen sind zentral für den Schaffensprozess des Einzelnen. Zur Natur des Menschen gehöre es, in der Gemeinschaft zu leben: Wenn sich ein Mensch nicht in die Gemeinschaft integrieren will, kann es nach Aristoteles kein Mensch, sondern nur „ein wildes Tier" oder „ein Gott" sein (siehe Wolf 1994). Nach Aristoteles kann der Mensch sich primär innerhalb einer Gemeinschaft besser verwirklichen, um seinen Lebenssinn oder Daseinszweck zu erfüllen. Der Mensch im Sinne von Aristoteles ist ein Gemeinschaftstier,
„...der sich um die Belange seiner Gemeinschaft kümmert, weil er von ihr abhängig ist." (Ritscher 2007: 55)

Die Verbindung vom Menschen als soziales und politisches Wesen und die Bildung von Stadtstaaten als politischer Ausdruck von Gemeinschaft waren die logische Konsequenz: Nach Aristoteles war der Mensch ein *staatsbezogenes Wesen*.

Der Mensch als soziales Wesen ist das grundlegende Narrativ, das sich durch die Philosophie[62], Soziologie[63] und die Einsamkeitsforschung[64] zieht. Wenn man davon ausgeht, dass die Vergemeinschaftlichung in griechischen Stadtstaaten die tragende politische Idee bis weit in das Mittelalter war, verwundert es wenig, dass die damaligen Philosophen und Denkern die Notwendigkeit sozialer Gemeinschaft für das seelische, emotionale und intellektuelle Wohlergehen betonten (siehe auch Stuppner 2013: 17). Einsamkeit und Alleinsein als soziale und politische Themen bekamen eher wenig Aufmerksamkeit (ibid.).

Martin Bubers Definition von *„Leben heißt angeredet werden"* drückt die existentielle emotionale Notwendigkeit von sozialen Kontakten für das einzelne Individuum aus (Buber 1978). Eine Interviewpartnerin drückt es folgendermaßen aus:

> „Ich fühle mich alleine einfach anders – natürlich kann ich auch das Meiste im Leben alleine meistern ...aber warum sollte ich? Zusammen mit einem anderen Menschen ist das eine ganz andere Erfahrung. Der Andere spiegelt mich ja mich irgendwie immer...und außerdem, wenn ich was alleine mache, kann ich es nicht teilen. Und wir wissen ja, nur geteilte Freude ist doppelte Freude".

Ein konstituierendes Gegenüber und den/die Andere/n braucht es unabdinglich für die eigene Persönlichkeitsentwicklung: Es war bereits im frühen 19. Jahrhundert der französische

---

[62] Wie z. B. die gesammelten Werke von Martin Buber und Jürgen Habermas.

[63] Wie z. B. die gesammelten Werke von Georg Simmel, Ferdinand Tönnies, Ralf Dahrendorf oder Jürgen Habermas.

[64] Siehe z.B. Cacioppo und Patrick 2008.

Schriftsteller Stendhal, der betonte, dass Menschen allein in der Tat vieles im Leben erreichen könnten – außer einem Charakter oder einer Persönlichkeit zu formen[65]. In sozialer Isolation könne man nicht zu einem Erwachsenen werden – der Mensch brauche andere Menschen, um sich an ihnen abzuarbeiten, zu reiben und so zu sich selbst zu finden. Und es war Hannah Arendt, die betonte, dass das Individuum,

> „Freiheit im Verkehr mit anderen und nicht im Verkehr mit mir selbst (erfährt). Frei sein können Menschen nur in Bezug aufeinander, also nur im Bereich des Politischen und des Handelns; nur dort erfahren sie, was Freiheit positiv ist und dass sie mehr ist als ein Nichtgezwungen-werden" (Arendt 1958: 670, Ergänzung CR).

Die Entwicklungspsychologie und hier vor allem die Bindungstheorie[66] haben uns in der Erkenntnis geschärft, dass es ein angeborenes menschliches Bedürfnis gibt, enge emotionale Beziehungen zu anderen Menschen aufzubauen (siehe auch Murphy 2020). Gerade die Sozialpsychologie und die Gesundheitsforschung haben belegt, wie wichtig die emotionalen Beziehungen zu anderen für die psychische Gesundheit und das Wohlergehen eines Individuums sind (siehe Umberson und Montez 2010).

Welche genauen Qualitäten diese zwischenmenschlichen Beziehungen haben müssen, damit dieses Bedürfnis zufriedenstellend befriedigt wird, stand damit nicht primär im Vordergrund und blieb offen.

---

[65] Stendal veröffentlichte sein Werk *De l'amour (Von der Liebe)* im Jahr 1822. Hier beziehe ich mich auf die Übersetzung aus dem Französischen und mit einer Einführung von Walter Hoyer. Stendhal 1977: 266-269.

[66] Als Vertreter*innen gelten die Psychoanalytiker*innen bzw. Psycholog*innen John Bowlby, James Robertson und Mary Ainsworth. Für die Kernaussagen und Erkenntnisse der Bedürfnistheorie siehe Grossmann und Grossmann 2003.

Zusammengefasst ist das *Selbstbild des Menschen als soziales Wesen,* jemand, der

* die Gesellschaft anderer emotional braucht und immer wieder sucht,
* mit anderen eine Gemeinschaft bildet, in der er seine Identität als Mensch findet und sich solidarisch verhält, und
* erst durch seine Identität als Teil einer Gemeinschaft und gelebten Solidarität

seine Menschlichkeit erfährt.

«...je me sentais dans une solitude si affreuse que j'ai songe au suicide. Ce qui m'a retenu, c'est l'idee que personne, absolument personne, ne serait emu de ma mort, que je serais encore plus seul dans la mort que dans la vie.»[67] *Jean-Paul Sartre*

"We do not fear death, we fear loneliness."[68]
Ben Lazare

Angst vor dem Alleinsein und der Einsamkeit

In allen Gesellschaften dominiert eine *tiefliegende Angst vor dem Alleinsein und der Einsamkeit,* deren spezifisches Ausmaß sozial und kulturell beeinflusst wird (siehe auch Kapitel 3 im Folgenden).

[67] Sartre 1972: 166–167.
[68] Lazare 2012: Appendix A. Loneliness: an Interdisciplinary Approach.

So betont Balzac, französischer Philosoph des 19. Jahrhunderts, in einem seiner Standardwerke, dass

> „...der Mensch ein Grauen vor der Einsamkeit hat. Und von allen Einsamkeiten ist die moralische die schrecklichste." (Balzac 2009)

Diese Angst geht einher mit der Idealisierung und Romantisierung von Gesellschaft und Gemeinschaft und gelebter Normalität. So sehen zum Beispiel die Soziologen Beck in der *Idealisierung der Liebesehe ein Spiegelbild der Moderne,* auch im *Umgang* mit den *Themen Alleinsein und Einsamkeit:*

> „In den Idealisierungen der modernen Liebesehe spiegelt sich noch einmal der Weg der Moderne. (...) Das heißt auch: weniger das materielle Fundament und die Liebe, sondern die Angst vor dem Alleinsein hält Ehe und Familie zusammen. Was jenseits von ihr droht oder befürchtet wird, ist bei allen Krisen und Konflikten vielleicht das stabilste Fundament der Ehe: Einsamkeit." (Szymenderski 1990: 49f. Hervorhebung CR)

Diese Angst vor der Einsamkeit sitzt tief – so tief, dass viele von uns vielleicht eigene Lebenswünsche nicht verfolgen, weil es beinhalten könnte, allein und einsam zu sein. Einige Interviewteilnehmende verglichen ihre Angst vor der Einsamkeit mit ihrer diffusen Angst vor dem Tod und dem Sterben, die sie zum Teil paralysieren oder zu irrationalen Entscheidungen treiben würde: So nannten verschiedene Befragte auch die Angst vor dem Alleinsein und der Einsamkeit als Hauptmotiv, warum sie sich nicht von einer bestimmten Beziehung, Person oder einer bestimmten beruflichen Orientierung trennen würden.

Angesichts des Rekordhochs von Singlehaushalten im Westen ist das Singleleben als Lebensmodell zwar akzeptiert. Der *ewige Single* gilt aber eher als Misstrauen erregende gesellschaftliche Anomalität – vor allem alleinstehende und kinderlose Frauen ab Mitte 30 gelten als besonders *auffällig*.
Gerne allein zu sein und zu leben, empfinden schnell viele Menschen als egoistisch, hedonistisch und sogar auch als asozial: Egal ob Mann oder Frau, ab einem gewissen Alter (normalerweise ab Mitte 30) gilt das offensichtliche *Alleinsein* als *Sozialstatus* als rechtfertigungsbedürftig. Ein Mann oder eine Frau, den/die man oft allein sieht, werden schnell Eigenschaften wie *schwierig*, *schräg* und *unnahbar* nachgesagt.
Zu langes Alleinsein wird nicht nur von außen misstrauisch gemustert, sondern sehr oft auch von innen gefürchtet (ein Punkt, den ich weiter unten in Kapitel 4 nochmals aufgreifen werde).
Vor einigen Jahren veröffentlichte das renommierte US-Magazin Science die Ergebnisse von elf verschiedenen Studien, die alle belegen sollen, dass es einer Mehrzahl von Menschen unangenehm war, mehr als 6 bis 15 Minuten allein in einem Raum ohne Ablenkung zu sein. Viele bevorzugten es, sich Elektroschocks zu verpassen, anstatt sich mit sich selbst zu beschäftigen (siehe Wilson et al. 2014).
Inwieweit ähnliche Resultate ein ähnliches Experiment in Europa hervorbringen würden, bleibt fragwürdig. Dieses Ergebnis und einige Aussagen von Interviewpartner*innen zeigen auf jeden Fall, dass die meisten von uns anscheinend früh lernen mussten, dass Alleinsein eher schädlich und zu vermeiden sei.

Alleinsein und sich zu sehr mit sich selbst zu beschäftigen, wird oft als blinder Egoismus missverstanden: Die Beschäftigung mit sich selbst galt – und gilt tendenziell immer noch – schnell als Form von Egoismus, *Nerdsein* oder *auffälliger Selbstliebe,* die argwöhnisch betrachtet wird.
Dieses offene Misstrauen gegenüber gesundem Egoismus und Selbstliebe als Fundamente für die persönliche Selbstentwicklung ist für viele Kulturen charakteristisch. So betonen Befragte aus Asien und Westafrika, dass trotz diverser technologischer und sozialer Veränderungen dieser Argwohn in kulturelle Gebräuchen und Gewohnheiten nach wie vor omnipräsent und ein tragende Stütze zwischenmenschlicher Beziehungen und Gemeinschaften sei. Diese Idee wird in Kapitel 3 nochmals aufgegriffen.

> *„Auf der höchsten Bewußtseinsstufe ist der Mensch allein. Eine solche Einsamkeit kann sonderbar, ungewöhnlich, ja auch schwierig erscheinen. Törichte Menschen versuchen, sie durch die verschiedensten Ablenkungen zu vermeiden, um von diesem erhabenen zu einem niedrigen gelegenen Ort zu entkommen. Weise dagegen verharren mit Hilfe des Gebetes auf diesem Gipfelpunkt.“* [69] *Leo Tolstoi*

Es stellt sich nun die Frage, mit welcher oder wessen Hilfe diese tiefliegende Angst vor Einsamkeit überwunden werden kann. Schaut man zurück, so fällt auf, dass Hilfe vor allem in der Form vom *Glauben an Gott* oder an andere *spirituelle Kräfte* kommt.

[69] Tamcke 2010: 65.

Das obige Zitat von Tolstoi unterstreicht die treibende Kraft hinter dem Pietismus, Einsamkeit als Chance zu sehen, Gott nah zu sein bzw. sich ihm zu nähern und so seine eigene Einsamkeit zu transformieren. Das heißt zu Ende gedacht auch, dass der Gläubige für seine Einsamkeit in gewisser Weise belohnt wird. Dieser Logik folgend heißt es umgekehrt und zugespitzt, dass Menschen, die nicht an Gott oder eine andere spirituelle Kraft glauben können, der Einsamkeit ausgeliefert bleiben.
Die Schlussfolgerung ist insofern spannend, als dass wir es mit einer Zunahme von säkularen Gesellschaften gerade in Europa zu tun haben[70]: Die Angst vor der Einsamkeit wird also nur begrenzt für alle Menschen aufgelöst, sondern bleibt das Schicksal des modernen Menschen.

Wieweit Menschen, die während COVID-19 unter Einsamkeit litten, sich verstärkt spirituellen und religiösen Kräften widmeten, kann ich aufgrund der Interviews nicht sagen. Auffällig war, dass einige meiner Gesprächsteilnehmenden betonten, wie wichtig für sie Yoga und Mediation waren, um für sich einen achtsamen Umgang mit der eigenen Einsamkeit zu finden.

Das Kapitel hat beleuchtet, wie drei Grundprämissen und wenig hinterfragte Referenzpunkte für individuelles und kollektives Handeln dem Motiv, die Einsamkeit zu überwinden, zugrunde liegen. Die Auswirkungen der Pandemie COVID-19 und unser Verhalten als Individuen und Gesellschaften werden in den

---

[70] Siehe Herriet Sherwood: "Christianity as default is gone": the rise of a non-Christian Europe, *The Guardian* (21.3.2018) (Hervorhebung dort).

nächsten Monaten und Jahren zeigen, wieweit diese drei Glaubenssätze bestätigt oder aber in Frage gestellt und neu ausgelegt werden. Die nächsten Kapitel deuten diesbezüglich sehr unterschiedliche Dynamiken an.

Kapitel 3: Ist Einsamkeit universell?

These 3:
Der kulturelle Kontext beeinflusst, wie eine Gesellschaft mit Alleinsein und Einsamkeit umgeht. Verhaltensweisen allein oder in Gruppen werden unterschiedlich konnotiert. Unabhängig von ihrem kulturellen Kontext scheinen Frauen anderen gesellschaftlichen Maßstäben und Glaubenssätzen zu Alleinsein und Einsamkeit zu folgen und ausgesetzt zu sein als Männer.

Jede Aussage über Alleinsein und Einsamkeit ist auch immer eine Offenbarung darüber, wie wir als Gemeinschaft leben wollen und welche Rolle das Individuum vis-à-vis der Gruppe und Gemeinschaft haben soll. Diese Einschätzung hängt immer von einem bestimmten kulturellen Kontext ab, der Werte und Normen vorgibt und in den Menschen sozialisiert werden:
Leben wir in einer Gesellschaft, in der das Individuum und seine Entfaltung das wichtigste Gut ist, wo Selbstentfaltung und Selbstoptimierung akzeptierte gesellschaftliche Normen sind? Oder ist das Wohl der Gemeinschaft das tragende Leitmotiv, wird religiös und kulturell legitimiert und abweichendes Verhalten sanktioniert? Oder wollen wir in einer Gesellschaft leben, in der Alleinsein und Einsamkeit ganz natürliche Phänomene sind, die wir kennen, nicht scheuen, sondern gelernt haben als gesellschaftliche und persönliche Phänomene des Lebens zu akzeptieren? Sind wir bereit, selbstbestimmtes Alleinsein und sein kreatives Potential zu kultivieren? Sind wir bereit, Einsamkeit als unsere eigene Verletzbarkeit anzunehmen und sie als natürliches persönliches und soziales Phänomen zu akzeptieren?

Alle diese Fragen werden durch kulturelle Einflüsse stark mitbestimmt, wenn nicht sogar dominiert und vorbestimmt.
Wenn man sich die Forschungsthemen der Einsamkeitsforschung anschaut, scheint Einsamkeit in den nicht-westlichen Kulturkreisen kein großes Thema zu sein. Das kann man sich so erklären, dass die Einsamkeitsforschung, wie sie sich in den letzten Jahren entwickelt hat, eine stark westliche, europäisch und US-amerikanisch dominierte, geprägte Wissenschaft ist. Perspektiven aus dem globalen Süden werden kaum in Betracht gezogen.

Alleinsein und Einsamkeit – kulturell konnotiert und sanktioniert

Befragte aus nicht-westlichen Gesellschaften lassen die Schlussfolgerung zu, dass Alleinsein und Einsamkeit dort auch wichtige Themen sind, allerdings sehr stark kulturell beeinflusst.

Als erstes fällt auf, dass Interviewteilnehmende aus dem globalen Norden, und vor allem aus dem globalen Süden, mit ihren Freunden und Familien nicht über Alleinsein und Einsamkeit reden.
Ein Interviewpartner um die Ende 50 unterstreicht im Hinblick auf sein soziales Umfeld in Großbritannien:

> „Meine Frau und ich kennen wenige Single-Frauen und Single-Männer. Und die wirklich wahren einsamen Menschen kennen wir gar nicht. Oder vielleicht schon? Ich weiß gar nicht, wie einsam meine Freunde wirklich sind. Vielleicht mehr als ich denke. Ich merke, ich habe da noch nie länger drüber nachgedacht. Warum spre-

che ich es nicht an? Vielleicht aus falsch verstandenem Scham und irgendwie auch Angst, das Falsche zu sagen oder jemanden bloßzustellen. Irgendwie ist es eher ein non-issue. Aber unter Freunden sollten wir doch darüber reden können? Sind wir nicht alle mal einsam? Ich bin es ab und zu – mal mehr, mal weniger."

Für eine Journalistin aus Deutschland kommt das Reden über Einsamkeit – vor allem auch im Familien- und Freundeskreis – einem Tabubruch gleich:

„Über die eigene Einsamkeit zu reden, heißt auch ein Tabu zu brechen. Wenn man darüber redet, macht man sich sehr nackig und verletzbar. Warum soll man das machen? Warum soll ich das machen?"

Die Gründe für die Nichtthematisierung sind vielfältig. Die Interviewteilnehmenden aus Europa nennen eine Mischung von diffusen Emotionen wie persönlicher *Unsicherheit*, *Minderwertigkeitsgefühl*, *Scham* und *Angst*.
Viele Befragte aus dem globalen Süden nennen primär Scham, Schuld und Angst vor Stigmatisierung, da ein artikuliertes – und erst recht ein gelebtes – Bedürfnis nach Alleinsein einer Infragestellung der Sippe oder der Großfamilie gleichkommen würde.
In stark kollektivistisch geprägten Gesellschaften – wie z.B. in Bangladesch, Pakistan, Myanmar, Syrien, Sri Lanka und Indien, den Heimatländern einiger Befragten – definiert sich der/die Einzelne primär über die Bedürfnisse und Konventionen der Gesellschaft. Die soziale Verbindung mit anderen steht über den Bedürfnissen des/der Einzelnen. Alleinsein ist eher die Ausnah-

me – viele Befragte betonen dann auch, dass sie in ihrem Leben noch nie wirklich allein waren. In den Worten einer Frau aus Pakistan:

> „Ich war erstaunt, als du mich fragtest, wann ich das letzte Mal alleine ...ich musste lange nachdenken...und wenn ich ehrlich sein darf: Ich realisiere leider erst jetzt so richtig, dass ich mit meinen 33 wohl in meinem ganzen Leben noch nie so richtig alleine war... Ich weiß also nicht, wie sich das so anfühlt...ich habe manchmal ein komisches Gefühl, dass ich nicht immer dazu gehörend fühle oder mich nicht ganz verstanden fühle. Ist das Einsamkeit?“

Viele unterstreichen, dass sie für das Interview das erste Mal offen über das Thema Alleinsein und Einsamkeit reden würden. Das ist insofern nicht weiter verwunderlich, als dass für die Betroffenen das persönliche Leben fast immer in Gemeinschaft stattfindet: Persönliche Entscheidungen sind im Regelfall auch immer kollektive Entscheidungen – erst recht, wenn es um die kulturell bedingten großen Fragen wie Hochzeit, Ehe, Ehre und Reputation der Familie geht.

Die Zugehörigkeit zu anderen bleibt in vielen Kulturen des globalen Südens das tragende Moment von Gemeinschaft und Zusammensein: Man braucht andere, um zu überleben.
Eine Syrierin, die auch während des Krieges in Damaskus lebte, fasst es so zusammen:

> „Wir sind eigentlich immer in Gruppen unterwegs – mit Freunden und Familien. Jemand, den wir alleine sehen,

> um den kümmern wir uns. Bei uns sind die Menschen, einsam, wenn sie jemand Nahen verloren haben, den Ehepartner oder die Mutter. Wir versuchen, uns dann um die Person zu kümmern, damit sie nicht alleine und so einsam ist...meine Schwägerin hatte eine Trennung und Scheidung hinter sich und gerade ihre Mutter verloren, die ist sehr einsam, und wir gehen viel zu ihr. Aber sie hat Arbeit. Ich habe auch eine Kollegin, die schon etwas älter und nicht verheiratet ist, die ist, glaube ich, sehr einsam, auch wenn sie es nicht so sagen würde... Nein, psychologische Hilfe holt sie sich nicht – das ist auch gar nicht so verbreitet in unserer Kultur“.

In Ländern wie in Syrien oder Bangladesch existiert der Sozialstaat praktisch nicht, und es gibt keine soziale Absicherung – zumindest nicht nach dem westlichen Verständnis. Der/die Einzelne ist vom Kollektiv in der Form der Großfamilie abhängig, um das Leben vor allem im höheren Alter zu meistern.
In vielen Ländern – egal ob in Syrien oder Bangladesch – definiert sich das Individuum primär als Teil einer Gruppe. Alleinsein findet im privaten und öffentlichen Raum wenig bis gar nicht statt bzw. wird bewusst oder unbewusst vermieden.
In der Worten der Syrierin aus Damaskus:

> „Ich bin eigentlich nie alleine – entweder bin ich mit meinem Mann, meiner Familien oder Freunden unterwegs ...das war vor der Krise[71] so und wird wohl auch so bleiben. Das ist einfach unsere Kultur. Ich persönlich

[71] *Krise* benutzen viele Syrier*innen, wenn sie von dem brutalen Krieg der letzten knapp 10 Jahre reden.

> finde es zwar auch sehr schön, mal ein Buch zu lesen ... dann bin ich ja irgendwie allein … ok nein, eigentlich nicht, mein Mann ist dann immer da…wie einsam ich selber bin? Weiß ich nicht…ich bin eigentlich nie richtig alleine …ich glaube manchmal bin ich einsam, ohne es zu nennen…fühle mich dann sehr traurig und nachdenklich…was ist das? Alleinsein oder Einsamkeit oder einfach unser Leben hier?“

Interviewteilnehmende aus dem globalen Süden betonen auch, dass sie tendenziell Alleinsein und Einsamkeit zusammen denken und gerade in der Umgangssprache und im öffentlichen Raum die Unterscheidung meist gar nicht gemacht wird: Man ist allein und einsam, wenn man nicht mit anderen ist. So werden im Volksmund, zum Beispiel im Arabischen, Kurdischen, Türkischen und in Hindi oder Urdu, Alleinsein und Einsamkeit oft als Synonyme verwendet.

Das Bedürfnis nach Alleinsein mag da sein, artikuliert wird es selten und ihm praktisch nach zu gehen, erscheint fast unmöglich. Ein knapp 40 Jahre alter Deutsch-Afghane betont:

> „Wie du weißt, bin ich Vater von drei kleinen Kindern und ja…manchmal wird es viel, sehr viel …alles …die gesamte Familie, die Kinder, die Cousins und meine Tanten …und ja auch mein Job und meine Pflicht als Familienvorstand und Haupternährer …und ja dann wäre ich gerne mal alleine ….Ich kann mir aber nicht vorstellen, dass ich das meiner Frau mal so sagen könnte. Meine Frau ist sehr traditionell …und sie würde das gar nicht verstehen…und außerdem

> leben wir mit der ganzen Familie in einem Haus, allein zu sein, geht einfach nicht und muss ja auch nicht sein."

Soziale Kontrolle in der Form von engen familiären Beziehungen erschwert es, sich den Raum für sich selbst zu nehmen. Sehr oft würde die Zeit allein dann vor allem online verbracht. Eine philippinische Menschenrechtsaktivistin schildert:

> „Wir sind alle irgendwo angemeldet – alle aber auf Facebook. Was da meine Kinder oder mein Mann genau machen, weiß ich natürlich nicht. Wir haben auch ein Familienkonto. Facebook gehört irgendwie zum Alltag und irgendwie auch zur unserer Familie."

Einige wenige männliche und weibliche Befragte aus den betreffenden Ländern in Südasien betonen in unterschiedlichem Umfang, wie gerne sie mal allein sein würden – dieses Bedürfnis zu artikulieren, geschweige denn dem Bedürfnis gezielt und länger nachzugehen, scheint unvorstellbar und der soziale Druck zu groß.

Alleinsein ist eher konnotiert als Sanktion für nicht-gesellschaftskonformes Verhalten: Sozial oder kulturell nicht angepasstes und akzeptiertes Verhalten wird mit Ausstoß aus der Familie oder dem Clan geahndet. Nicht ohne Grund ist die Isolation von der Gruppe die schlimmste Strafe, die Familien und Sippen weltweit über ihre abtrünnigen Familienmitglieder verhängen können.

Viele Interviewteilnehmende teilen die Beobachtung, dass – unabhängig von der jeweiligen Kultur – ein bestimmtes kulturell geprägtes Konsumverhalten anders konnotiert sei, wenn man es allein oder in einer Gruppe annimmt: Sehr oft sind es bestimmte (kulturübergreifende) Glaubenssätze über das Alleinsein (und die Einsamkeit), die viele von uns verinnerlicht haben und nach ihnen leben. Beispielhaft möchte ich diesen Punkt an Glaubenssätzen zu den Themen Urlaub und Alkoholkonsum illustrieren.

Glaubenssätze

Der Glaubenssatz *Allein fährt man nicht in den Urlaub* ist mir relativ früh begegnet: Euphorische Ankündigungen von meinen geplanten Reisezielen sind meistens auf Irritation oder offene Ablehnung gestoßen, wenn ich mit Anfang 20 verkündete, dass ich bewusst länger allein reisen wollte. Verständliche Sicherheitsgründe mögen diese Abneigung begründen.

In den letzten zehn bis zwanzig Jahren haben *Pilgerreisen* vor allem in Spanien und Frankreich eine große Popularität erfahren. Das traditionelle Pilgerverständnis geht vom individuellen Pilgernden aus, der/die durch das Pilgern und einem bescheidenen Lebensstil zu sich selbst findet. Tatsache ist, dass heutzutage die meisten Pilgernden in Paarkonstellationen oder Klein- oder Großgruppen unterwegs sind. Pilgerreisen werden von Kegelclubs oder Freizeitwandergruppen genauso gebucht wie von religiösen Gemeinschaften. Aus eigener Erfahrung kann ich bestätigen, dass es zwar einige alleinpilgernde Frauen oder Männer gibt, sie aber eher die Ausnahme als die Regel darstellen und sich außerdem schnell in Paarkonstellationen und Kleingruppen – gezielt oder zufällig – zusammenfinden.

Inzwischen gibt es Ratgeber und Blogs[72] zum Thema Alleinreisen für Frauen und Männer, die sich einer Beliebtheit erfreuen und einen gewissen Wandel der Einstellungen gerade unter jungen Erwachsenen zeigen.
Oft sind es auch weibliche Soloreisende, die eine Lebenskrise verarbeiten wollen oder bewusst achtsamer leben wollen, die sich auf dem Weg machen und bewusst allein reisen[73].
Von den Befragten sagen gerade mal drei, dass sie schon mal allein gereist sind - und das auch wirklich genossen hätten. Ich kenne keine repräsentativen Studien zu der Frage, ob mehr Männer als Frauen bewusst und gerne allein reisen. Vernetzungsmöglichkeiten und Austauschforen gibt es international einige. So gibt es in den sozialen Medien Austauschforen für weibliche Soloreisende wie z. B. das *Solo Female Traveler Network*[74]. Was mir als Mitglied verschiedener Gruppen auffällt ist, dass zum Teil stark die Selbstinszenierung und Partnersuche im Vordergrund stehen.

Gleichzeitig gilt nach wie vor, dass es nicht die gesellschaftliche Norm ist, allein zu reisen. Und ganz mal davon abgesehen, dass man vielleicht physisch allein ist, bleibt man mit der heutigen Informationstechnologie ständig in Verbindung mit anderen. So gesehen kennen viele von uns das Gefühl des *wirklichen* Alleinseins und der Einsamkeit nur begrenzt oder nehmen es nur *gefärbt* durch die Perspektive der sozialen Medien wahr.

---

[72] Siehe im deutschsprachigen Raum z.B. Bravebird (https://www.bravebird.de/reisen/alleinreisen) von Ute Kranz und *Pink Compass* (https://www.pinkcompass.de/reiseblog-alleinreisende-frauen/) von Carina Herrmann.
[73] Die Bücher *Eat, Pray and Love* von Elizabeth Gilbert und *Wild* von Cheryl Strayed spiegeln z.B. dieses Lebensgefühl von einigen Frauen, mit denen ich sprach, wider.
[74] Für mehr Informationen siehe Facebook-Gruppe *Solo Female Traveler Network*. https://www.facebook.com/groups/thesolofemaletravelernetwork/.

Ein anderer Glaubenssatz bezieht sich auf die Tatsache, wie wir in z. B. westlichen Gesellschaften mit *Alkohol als Genussmittel und Droge* umgehen.
Jemandem, der/die gerne allein Alkohol konsumiert, wird schneller ein Suchtverhalten diagnostiziert und vorgehalten als jemanden, der/die die gleiche Alkoholmenge in Gesellschaft konsumiert: Dazu passt ein Spruch, den ich in einer Studentenkneipe in Berlin vor ein paar Jahren mal gelesen habe:

> „Mein Arzt sagt, erst wenn man alleine trink, hat man ein Alkoholproblem. Ich bin froh, dass es dich gibt."

Oder in den Worten einer angehenden Diplomatin aus der Schweiz:

> „An einem langen Abend drei oder mehr Gläser Wein in Gesellschaft zu trinken, gilt als normal und in gewisser Weise als sozial akzeptiert, wenn nicht sogar gewünscht - wenn ich diese Menge alleine in einer Bar trinken würde, wäre mir ein gewisser Ruf sicher, und ich würde mich vielleicht selber auch anders sehen und fühlen."

Gemeinsamer Konsum und Genuss von z. B. Alkohol verwischt potenzielles Suchtverhalten, sozial auffälliges Verhalten und Gruppenidentität: Die gemeinsame Aktivität in der Gruppe schafft ein Zusammengehörigkeitsgefühl und legitimiert gleichzeitig dieses Verhalten. Die in dieser Gruppe nicht Trinkenden sind eher auffällig und müssen sich dann oft rechtfertigen, warum sie sich denn nicht gruppenkonform verhalten.
Und das obige Zitat ist nur in dem ganz spezifischen kulturellen Kontext der Schweiz zu verstehen, wo die *Apéro-Kultur* ein gepflegtes

kulturelles Ritual und Alkohol ein sozial akzeptiertes Genussmittel darstellen. Das gleiche Verhalten in der Öffentlichkeit wäre dagegen in z. B. in muslimischen Gesellschaften unvorstellbar.

Die zwei Beispiele zeigen exemplarisch, dass Verhalten in der Öffentlichkeit allein oder in Gruppen anders konnotiert und gesellschaftlich sanktioniert wird: Gruppenkonformes Verhalten wird als identitätsstiftend und normal angesehen – Verhalten einer Einzelperson fällt auf und scheint erklärungsbedürftig.

Der kulturelle Kontext bestimmt nicht nur individuelles und kollektives Verhalten, sondern beeinflusst auch Geschlechterrollen.

Sind Frauen einsamer als Männer?

Viele Gesprächsteilnehmende sehen *große geschlechtsspezifische Unterschiede* im Umgang mit Einsamkeit und Alleinsein: So unterstreichen einige, dass Frauen stärkere Beziehungsbedürfnisse hätten als Männer.
Während Männer sich stärker über sich selbst definieren würden, suchten Frauen eher eine soziale Beziehung und hätten größere Problem mit dem Alleinsein. Frauen würden deshalb auch tendenziell mehr unter Einsamkeit leiden.
Eine Beobachtung, die durch offizielle Daten in verschiedenen Ländern zum Teil belegt wird. So stellte das Bundesamt für Statistik in der *Schweiz* fest, dass sich Frauen häufiger einsam fühlten als Männer[75]: Mehr als 45 % der Frauen und 35 % der Männern litten unter Einsamkeit. Die offiziellen aktuellen Daten aus *England* belegen ebenso eindeutige Unterschiede zwischen den

[75] Für Aufschlüsselung der offiziellen Zahlen aus dem Jahr 2019 basierend auf Untersuchungen in 2017 siehe Schweizerische Eidgenossenschaft. Bundesamt für Statistik.

Geschlechtern und unterstreichen, dass vor allem Frauen von Einsamkeit betroffen seien[76]. Ähnliche Studien in *Deutschland* zeigen marginale Unterschiede zwischen den Geschlechtern (siehe Splendid Research 2019) oder sehen Männer als eindeutig einsamer als Frauen (siehe Harris Interactive und Wahlverwandten e.V. 2015).

Differenzierte gender-spezifische Analysen im internationalen Vergleich liegen aktuell nicht vor.
Unabhängig davon, ob die Befragten die Einsicht teilen, dass Frauen stärkere Beziehungsbedürfnisse haben als Männer, betonen sie, dass Frauen besser und souveräner mit Alleinsein umgehen könnten: Sie verweisen auf die Tatsache, dass tendenziell Frauen besser die Trennung einer Liebesbeziehung meistern als Männer. Sie wären aufgrund der Biologie und ihren monatlichen körperlichen Veränderungen aufgrund ihres Zyklus *gezwungen*, besser auf ihren Körper und ihre Bedürfnisse zu hören. Einige Interviewpartnerinnen unterstreichen, dass Frauen deshalb auch zwangsläufig gelernt hätten, souveräner und eigenständiger mit Veränderungen und sich selbst umzugehen. Diese Beobachtungen werden vor allem von Frauen aus dem globalen Norden bekräftigt.
Eine andere Beobachtung, die viele teilen ist, dass es Frauen nicht so schnell langweilig werden würden: sie könnten sich besser und länger mit sich selber beschäftigen. Aus diesem Grunde wären sie auch in der Lage, konstruktiver mit Einsamkeit umzugehen.

---

[76] Für die offiziellen Zahlen aus dem Jahr 2018 basierend auf Untersuchungen in den Jahren 2016-2017 siehe Office of the National Statistics: Loneliness - What characteristics and circumstances are associated with feeling lonely? (aktualisiert 10.4.2018), www.ons.gov.uk/peoplepopulationandcommunity/wellbeing/articles/lonelinesswhatcharacteristicsandcircumstancesareassociatedwithfeelinglonely/2018-04-10#who-is-lonely-more-often.

Andere weibliche und männliche Befragte illustrieren, dass Männer viel mehr als Frauen unter Alleinsein und Einsamkeit leiden würden, da ihnen nicht zugestanden würde, Schwäche und Emotionalität zu zeigen. Viele Männer würden wenig über ihre eigenen Gefühle auch unter Männern reden und Körperkontakt wie z. B. (langes) Umarmen zu wenig bis gar nicht suchen. Einige Interviewpartner unterstreichen, dass Männer und Frauen aufgrund der dominanten heterosexuellen Gesellschaftsnormen vergleichsweise wenig enge emotionale Beziehungen – jenseits der eigenen sexuellen Liebesbeziehungen – zum anderen Geschlecht haben. Emotional nahe Beziehungen würden schnell als Bedrohung der eigenen Liebesbeziehung wahrgenommen. Sowohl jüngere als auch ältere Befragte unterstreichen diesen Punkt.
Die wenigen offenen nicht heterosexuellen Interviewpartner*innen betonen, dass gerade die Auflösung der heterosexuellen Norm auch als Chance gesehen werden kann, anders über Gefühle – und jenseits von *typisch männlich* und *typisch weiblich* - zu diskutieren.

Interviewpartnerinnen aus dem globalen Norden und Süden merken selbstkritisch an, dass primär Frauen (in ihrer Wahrnehmung vor allem zwischen 40-50) ihre Freizeitaktivitäten und Bedürfnisse gesellschaftlichen Konventionen anpassen: Sie würden einigen sozialen Freizeitaktivitäten nicht nachgehen, wenn sie dort allein gesehen würden. So beschreiben Interviewpartnerinnen wie wichtig es ihnen ist, was andere über sie denken, wenn sie z. B. allein ins Theater, ins Kino, abends Tanzen oder in ein Restaurant gehen würden. Ich persönlich gehe oft ins Kino, sehr gerne auch allein. Und je später man am Abend unterwegs ist, umso weniger trifft man auf Frauen oder Männer, die allein sind. Interviewpartnerinnen betonen, dass sie nicht allein auf öffentliche Veranstaltungen oder in ein Restaurant gehen würden, aus Angst, allein gesehen zu werden, den misstrauischen Blicken ausgesetzt zu sein und sich erklären zu müssen. Im Sinne des vorauseilenden Gehorsams würde eine Begründung vorher überlegt und geliefert, die man für das Alleinsein geben könnte, wenn man jemand Bekannten träfe.

Eine deutsch-französische Interviewpartnerin beschreibt ihr Unwohlsein folgendermaßen:

> „Ich war einmal alleine in Kino, das war nicht so schön und das mache ich auch nicht wieder…ich war alleine gegen meinen Willen…eher zwangsläufig, da eine Freundin in der letzten Minute abgesagt hat. Ich habe es nicht so richtig genießen können – und irgendwie fühlte mich beobachtet, so allein im Kino. Das hat einfach keinen Spaß gemacht, da alleine zu sitzen …und auch niemanden zum Reden und Teilen zu haben."

Viele meiner Interviewteilnehmende betonen, dass sie aus Scham oder aus der gesellschaftlich tradierten Überzeugung, dass „man das nicht allein macht", viele Freizeitaktivitäten nicht verfolgen würden – aus Angst vor dem, was andere sagen oder über sie denken würden.

Es sei ein sehr subtiles und dumpfes Gefühl von *Unsicherheit*, *Angst* und *Scham*, dass sie davon abhalten würde. Auffällig ist, dass diese Haltung unabhängig von Alter, Bildung, beruflicher Orientierung und Ethnie vertreten wird.

Auffällig und wenig erstaunlich ist dabei, dass Frauen, die sich generell beruflich und privat nicht an die gängigen gesellschaftlichen Konventionen halten, souveräner ihre Interessen und Wünsche verfolgen – unabhängig davon, was das soziale Umfeld über sie denkt, und ob sie allein gesehen werden oder nicht.

Die Erfahrungen der Interviewteilnehmenden decken sich mit den Untersuchungen, die belegen, dass viele Menschen Aktivitäten nicht allein unternehmen, weil sie sich beobachtet und kontrolliert fühlten. So würde individuelles Verhalten nach wie vor sehr stark von gesellschaftlichen Normen und Vorstellungen geprägt und Menschen würden bevorzugten Hobbies oder Aktivitäten allein nicht nachgehen, falls sie Angst vor der gesellschaftlichen Ächtung hätten (siehe Ratner und Hamilton 2015).

Es stellt sich die Frage, woher diese tief verwurzelten und verinnerlichten Glaubenssätze über das Alleinsein kommen. Einige Interviewpartnerinnen verweisen auf das Patriachat und die Überzeugung, dass Frauen geschützt werden müssten und eine Frau ohne einen Mann nach wie vor ein nicht vollwertiges soziales Gesellschaftsmitglied verkörpere. Archivierte Ansichten über Geschlechterrollen, die im Prinzip aus einem anderen Jahrhundert oder zumindest aus einem anderen Jahrzehnt stammen, scheinen bei dem Themen Alleinsein und Einsamkeit wieder sehr präsent zu sein.
Andere Befragte verweisen auf die geschlechtsspezifischen Bilder und Assoziationen, die wir alle in den Köpfen hätten. Eine Interviewpartnerin benutzt das Bild vom *einsamen Cowboy,* eines

> „...physisch starken Mannes, der alleine und einsam sein darf. Seine Einsamkeit ist allerdings positiv konnotiert ... wohl auch weil er ein Mann ist, und er dieses Alleinsein positiv verwandeln kann: Er ist stark und bereit, dem Übel der Welt den Kampf anzusagen."

Die Wahrnehmungen und Einschätzungen der Interviewteilnehmenden haben unterstrichen, dass Alleinsein und Einsamkeit wichtige Themen für individualistische kollektivistisch-geprägte Gemeinschaften sind: Verhalten alleine oder in Gruppe bleiben kulturell konnotiert und sanktioniert. Ein Sanktionsmittel sind existierende Geschlechterrollen: Frauen scheinen oft an anderen gesellschaftlichen und verinnerlichten Glaubenssätze zu den Themen Alleinsein und Einsamkeit gemessen zu werden als Männer.

Kapitel 4: Alleinsein als Prävention vor Einsamkeit

„Auf der höchsten Bewußtseinsstufe ist der Mensch allein. Eine solche Einsamkeit kann sonderbar, ungewöhnlich, ja auch schwierig erscheinen. Törichte Menschen versuchen, sie durch die verschiedensten Ablenkungen zu vermeiden, um von diesem erhabenen zu einem niedrigen gelegenen Ort zu entkommen."[77] *Leo Tolstoi*

These 4:
Wir sollten lernen, über Einsamkeit zu reden und allein zu sein.

„Aber du, du bist doch nicht einsam, oder? Du wirkst doch sehr glücklich."
Während der Arbeit an diesem Buch entstand oft beim interessierten Gegenüber ein peinlich berührtes Schweigen, wenn ich von meiner Motivation zum Thema sprach. Gesprächspartner äußerten sehr oft danach ihre Beobachtung, die so oder ähnlich das Diskussionsende einleitete „aber du, du bist doch nicht einsam, oder? Du wirkst doch sehr glücklich."
Offen über die eigene Einsamkeit zu reden, bleibt mit Scham besetzt und im Alltag wird das Thema von den meisten von uns eher ganz ausgeklammert als bewusst thematisiert.

Einsamkeit wird sehr schnell zu einem sehr persönlichen Thema – für viele zu schnell und zu persönlich. Das mag auch erklären, warum sich auffälligerweise bis vor einigen Jahren relativ weni-

[77] Tamcke 2010: 65.

ge Psycholog*innen wissenschaftlich mit dem Thema Einsamkeit auseinandergesetzt haben, und es nur wenige differenzierte sowie detaillierte nationale Studien zu den unterschiedlichen Ausprägungen von Einsamkeit gab[78].

Forscher*innen, die sich damit beschäftigen, wurde schnell ein dementsprechendes persönliches oder psychologisches Defizit unterstellt (siehe Peplau und Perlman 1982: 11f.). Oder wie Fromm-Reichmann (1959:1) so treffend betont:

> "Loneliness seems to be such a painful, frightening experience that people will do practically everything to avoid it."

Das Thema Einsamkeit wurde in der Vergangenheit in den meisten Gesellschaften verdrängt und vermieden: Über die eigene Einsamkeit zu reden ist für viele ein ähnliches *angstbesetztes Tabu* wie über den eigenen Tod zu sprechen. Ein *soziales Stigma* überwiegt in den meisten Gesellschaften, über die persönliche Einsamkeit zusprechen und so vermeintliche eine Schwäche und Verletzbarkeit zu teilen. Offen und ehrlich darüber zu reden kommt einem Tabubruch gleich. Die meisten von uns haben nicht gelernt, allein zu sein und mit der Einsamkeit umzugehen.

---

[78] *Herbst betont vor allem die Dringlichkeit für eine empirisch untermauerte Einsamkeitsforschung. Siehe Herbst 2010: 5.*

„[...] kein Heil außerhalb der Gruppe. [...] fliehen vor den Einsamkeiten [...] suchthaft in Gruppen: in die Fahrgemeinschaft, die Wohngemeinschaft, die Denk- und Diskutiergemeinschaft, die Arbeitsgemeinschaft, in die Gruppe um der Gruppe – also der Nicht-Einsamkeit – willen."[79]

Odo Marquard

Einsamkeit in einer Spaßgesellschaft?

Wie schon in Kapitel 2 angedeutet, sind Tod und Einsamkeit stark miteinander verbunden, da die meisten Menschen existentielle Angst haben, allein bzw. einsam zu sterben.

Einsamkeit ist eine Extremform von *Verletzbarkeit* – Verletzlichkeit, eine weitere Begrifflichkeit, die mit Scham besetzt ist und über die man gesamtgesellschaftlich nicht gerne redet. Seine eigene emotionale und physische Verletzbarkeit zu akzeptieren, ist für viele Menschen – und auch für mich – eine schwierige emotionale und lebenslange Herausforderung.

Brown[80] (2012 und 2013) hat auf eine unterhaltsame Art und Weise gezeigt, wie wichtig es ist, die eigene emotionale Verletzbarkeit zuzulassen, um Liebe, Zugehörigkeit, Freude und Kreativität entstehen lassen zu können. Browns Forschung und Ausführungen illustrieren, wie weit unsere eigenen Schutzmauern und Angst verhindern, dass wir Verletzbarkeit erleben. Wenn wir sie leben, könnten auch traumatisierende Beziehungen und eigene emotionale Wunden heilen.

---

[79] *Marquard 1994: 115.*

[80] Brené Brown ist US-amerikanische Professorin und forscht zu Scham und Verletzlichkeit/ Verletzbarkeit. Brown ist eine begnadete und humorvolle Rednerin. Ihr TED-Talk Die Kraft der Verletzlichkeit machte sie einem größeren internationalen Publikum bekannt.

Zugespitzt formuliert bedeutet das auch, dass je früher wir uns der persönlichen emotionalen Verletzlichkeit öffnen, desto weniger Verletzungen geschehen uns selbst und fügen wir anderen zu. Und je länger wir warten, desto größer wird die Last aus Scham, Kränkungen und bereuten Chancen und verpassten Gelegenheiten.
Zweifelsohne braucht es Mut, seine eigene Verletzlichkeit zu zeigen. Gleichzeitig ist es auch mutig und stark, die Verletzbarkeit und Einsamkeit des/der Anderen anzunehmen, mit ihnen umzugehen und sie auszuhalten. Das heißt auch, dass je früher wir uns der eigenen Verletzlichkeit öffnen, desto mehr können wir die Verletzbarkeit Anderer sehen und anerkennen – ohne uns mit Scham zu sabotieren.

In den meisten Gesellschaften stehen (geschlechtsbestimmte) emotionale und physische Stärke, Überlegenheit und Leistung im Vordergrund und werden über ein entsprechendes Bildungs- und Ausbildungs- und Arbeitssystem gefördert. Das offene Zugeständnis an Vulnerabilität macht da schnell (noch) einsam(er) – gerade in einer Gesellschaft, in der Spaß und Konsum im Vordergrund stehen sollen. Einsamkeit passt da so gar nicht in unsere vermeintliche *Erlebnisgesellschaft* (Schulze 2005) in der persönliche Spaßmaximierung, Glückseligkeit, Konsumlust und Hedonismus zu Lebensinhalten geworden sind.

Einsamkeit verschwindet nicht, indem wir darüber reden. Gleichzeitig wissen wir alle intuitiv, dass schwere emotionale Themen sich nicht auflösen, indem wir sie einfach nur lange genug ausblenden und ignorieren.
Erst, wenn ein Thema nicht mehr mit Scham besetzt wird und es beredet wird, wird ein Tabu langsam gebrochen. Erst wenn ein

Thema kein Tabu mehr darstellt, verliert es das Schamhafte. Erst dann fällt es einsamen Menschen leichter, nach Hilfe zu fragen oder auf andere zuzugehen Erst wenn andere wissen, wie einsam ein bestimmter Mensch ist, können andere aktiv werden und helfen. Erst wenn wir verstehen, dass unsere eigene Einsamkeit auch immer die Einsamkeit der anderen ist, kommen wir als Gesellschaft weiter. Grund und Einladung genug für uns alle, Einsamkeitsfähigkeit zu entwickeln (siehe auch Marquard 1994).
Das beinhaltet auch, dem Thema Einsamkeit eine größere Aufmerksamkeit zu geben. Öffentliche Foren oder Gesprächskreise auf kommunaler Ebene können einladen, sich in einem geschützten Rahmen mit dem Thema auseinanderzusetzen.

In den letzten Jahren kann man bezüglich dem *Thema Tod* eine spannende Entwicklung beobachten: In verschiedenen Städten gibt es privat oder von der Kirche organisierte *Trauerkreise* oder *Trauercafés*, wo Menschen zusammen kommen und ihre Trauer, den Verlust eines lieben Menschen teilen und versuchen, sich so gegenseitig emotional zu stärken.
Darüber hinaus gibt es eine zunehmende Zahl von Menschen, die sich in Form eines *spirituellen Testaments* mit dem eigenen Tod auseinandersetzen: Menschen bereiten sich auf ihren eigenen Tod vor, indem sie schriftlich festlegen und verfügen, welche Rituale an der Beerdigung durchgeführt werden, wer die Teilnehmer*innen sein sollen – kurz wie ihre eigene Bestattung aussehen soll. Dieses spirituelle Testament soll Menschen die Angst vor dem eigenen Tod zu nehmen oder zumindest versu-

chen zu mildern. Bestattungsinstitute, die Workshops und Austauschforen zum Thema anbieten, stoßen auf reges Interesse[81].

Offene Diskussionsrunden zu den Themen Einsamkeit und Alleinsein anzubieten, könnte auch ein Weg sein, die Angst vor der eigenen Einsamkeit zu nehmen. Seit Anfang 2018 organisierte ich regelmäßig zusammen mit einer Psychologin offene Austausche in einem vertrauensvollen Rahmen zu dem Thema *Alleinsein* und *Einsamkeit*[82]. Erste Erfahrungen dieses Angebotes in der Schweiz zeigen, dass es ein generelles Interesse gibt, sich auszutauschen, aber sich vor anderen zum Thema Einsamkeit zu positionieren, noch eine andere Ebene ist.
Die bisherige Erfahrung zeigt auch, dass die Teilnehmenden vor allem die sind, die vielleicht ab und zu unter Einsamkeit leiden, aber – zumindest vordergründig –souverän mit dem Alleinsein umgehen können. Für Menschen, die ernsthaft unter Einsamkeit leiden, mag dieses Angebot eine doppelte Hürde beinhalten: Es braucht Mut und Überwindung, zu einer offenen Runde zu gehen, wenn man niemanden kennt und sich eh schon allein bzw. einsam fühlt. Es braucht für viele wohl noch mehr Courage, mit Fremden über die eigene Einsamkeit zu reden und sich verletzbar zu zeigen. Darüber hinaus können diese privat organisierten Austausche nicht soziale und politische Missstände beheben.

---

[81] Siehe z. B. für Interviews mit Betroffenen siehe Ursula Reinsch: Spirituelles Testament: „Wie ein Rucksack voller Steine, der immer leichter wird", Deutschlandfunk (10.6.2020) (Hervorhebung dort). http://www.deutschlandfunk.de/spirituelles-testament-wie-ein-rucksack-voller-steine-der.2540.de.html?dram:article_id=438918.

[82] Für weitere Informationen siehe core change coaching. https://corechange-coaching.ch/coachings-und-buch-zum-thema-alleinsein-und-einsamkeit/ und Facebook-Seite: *Gerne allein* https://www.facebook.com/gerneallein.

Einsamkeit als Spiegelbild und Resultat sozialer und politischer Entwicklungen sollte auch als Aufgabe und Verantwortung der jeweiligen Regierung verstanden werden (siehe Kapitel 5): Staatliche geförderte Nachbarschaftszentren, soziale Einrichtungen, Freiwilligeninitiativen, altersübergreifende Wohngemeinschaften, wie es sie inzwischen in den *Niederlanden*, in *Deutschland* oder *Großbritannien* gibt, erscheinen als Schritte in die richtige Richtung.

Eine Interviewpartnerin betont, dass soziale und politische Maßnahmen wichtig und richtig seien,

> „...aber am Ende des Tages müssen wir reden – ganz einfach – in Liebesbeziehungen, in der Familie und im Freundeskreis".

Die Befragten für dieses Buch haben auf verschiedenen Ebenen unterstrichen, wie emotional belastbar Einsamkeit in einer Liebesbeziehung sein kann. Freunde, Bekannte und Familienangehörige, die ein offenes Ohr für die Einsamkeit von Freunden und Angehörigen hätten, seien wichtige emotionale Stützen für die Betroffenen: Sie gäben den Betroffenen das Gefühl, dass sie nicht allein seien. Oder in den Worten einer argentinischen Interviewpartnerin und Menschenrechts- und Friedensaktivistin:

> „Wenn wir über Einsamkeit nicht in der Familie oder mit engen Freunden sprechen können, über was denn dann?"

Ja, Einsamkeit verschwindet nicht, indem wir darüber reden. Es nimmt dem Gefühl aber seine Einmaligkeit und Schwere. Eine andere Art, mit der eigenen Einsamkeit umzugehen, ist das vermeintliche Paradox, bewusst und immer wieder zu lernen, allein zu sein.

„Ich muß viel allein sein. Was ich geleistet habe, ist nur ein Erfolg des Alleinseins."[83] *Franz Kafka*

Lernen, gerne allein zu sein

Durch die Menschheitsgeschichte sowie die Philosophie ziehen sich zwei Grundannahmen über die menschliche Entwicklung: Auf der einen Seite, dass der *Mensch als soziales Wesen* andere zum Überleben braucht und auf der anderen Seite die Bedeutung von Rückzug und Autonomie für die eigene Persönlichkeitsentwicklung. Diese zwei Grundannahmen spiegeln auch zwei unterschiedliche Bedürfnisse des Menschen wider: auf der einen Seite das Bedürfnis, mit anderen in Verbindung zu sein und in Frieden zu leben und auf der anderen Seite das Bedürfnis, allein zu sein.

Mit der Grundannahme, dass der Mensch ein soziales Wesen ist, habe ich mich in Kapitel 2 beschäftigt. Deshalb möchte ich hier den Fokus auf die Bedeutung von Rückzug und Alleinsein für die *Entwicklung der eigenen Persönlichkeit* setzen.

Seit der Antike, wie z. B. bei dem griechischen Philosophen Epikur, findet man eine *positive Bedeutung* von *Alleinsein und Einsamkeit* als Form der *Abgeschiedenheit in der Natur*[84]*:* Geprägt von den Grundideen Epikurs verbreitete sich im antiken Rom die Idee der Selbstgenügsamkeit und Zurückgezogenheit, um individuelle Freiheit zu leben. Für Epikur kann nur jemand frei philosophieren, der frei ist und sich von den Zwängen der Gesellschaft, auch den politischen Ämtern, befreit.

Epikurs Schule des Gartens unterstreicht die Bedeutung der Na

---

[83] Kafka 21. Juli 1913, in Kafka 2008.

[84] Siehe einzelne Werke von Epikur, wie z.B. *Von der Lust zu leben, Der Weg zum Glück, Von der Seelenruhe. Vom glücklichen Leben und Von der Unsterblichkeit der Seele.*

tur für eine bestimmte geistig-existentielle Haltung. Gleichzeitig betont es auch die Wichtigkeit des sozialen Umfeldes, das den Einzelnen stärkt und unterstützt. So mag man Epikurs Ansichten als *Plädoyer für selbstbestimmtes Alleinsein verstehen*.

Im *Mittelalter* bedeutete Einsamkeit, mit sich selbst eins zu sein. Nach Marquard (1994) ist der *Begriff der Einsamkeit* in dieser Zeit entstanden. Die überwiegend *positive Interpretation* hielt sich lange: Im *Pietismus* galten Alleinsein und Einsamkeit als Chance, sich Gott zu nähern. Diese Chance findet sich durchgehend in verschiedenen spirituellen und religiösen Abhandlungen auch aus der Neuzeit und Postmoderne (siehe Tamcke 2010).

Mit der *Aufklärung* ändert sich das Verständnis von Alleinsein und Einsamkeit insofern, als das der persönliche Rückzug als Ablehnung von bürgerlichen Konventionen und der Konformität der Ständegesellschaft verstanden wird: Einsamkeit wird zunehmend als *Möglichkeit zur Selbstvervollkommnung* zum Zwecke geistiger Aktivität und Selbstbesinnung definiert (siehe Wittler 2013).
Ein Beispiel ist Goethes Roman *Werther*: Die Figur Werther kann erst durch seinen Abstand zu bürgerlichen Moralvorstellungen seine gestalterisch-schöpferische Persönlichkeit entfalten. Dieser Abstand resultiert nicht zuletzt aus der Tatsache, dass die anderen Menschen Werther fremd bleiben, und er sich mit keinem anderen Menschen so richtig identifizieren kann. Somit liegt der Schluss nah, dass er auch deshalb Selbstmord begeht, weil die Gesellschaft ihn einsam macht bzw. sich einsam fühlen lässt – und nicht nur aufgrund einer nicht erwiderten Liebe (siehe Wittler 2013).
Wenn man sich die Philosophen und Denker des *19. Jahrhunderts* vergegenwärtigt, fällt auf, dass *Alleinsein* ein *akzeptabler*

Rückzug von der Gesellschaft erscheint. So spricht der russische Schriftsteller Tolstoi davon, dass ein

> „...zeitweiliger *Rückzug von allen Dingen des Lebens* und Nachdenkens über das Göttliche... für deine Seele eine ebenso *notwendige Nahrung* (ist), wie es die materielle Nahrung für deinen Körper ist.“ (Tamcke 2010: 64 (Hervorhebung CR)

Der amerikanische Schriftsteller und Philosoph Henry David Thoreau beschrieb in seinem unter Aussteigern Kultstatus erzieltem Werk *Walden oder Leben in den Wäldern* von seiner Auszeit Ende des 19. Jahrhunderts, während der er zwei Jahre in einer Waldhütte lebte. In Kapitel 8 widmet Thoreau sich der Einsamkeit und dem Alleinsein (was mein Verständnis von *solitude* widerspiegelt) und betont ihre positive Bedeutung:

> „Ich halte es für gesund, die meiste Zeit allein zu sein. Gesellschaft, selbst mit den Besten, wird bald langweilig und zerstreuend. Ich liebe die Einsamkeit. Nie fand ich einen Kameraden kameradschaftlicher als die Einsamkeit.“ (Thoreau 2015: 121 Hervorhebung dort)

Tolstois und Thoreaus Werke werten mit der Beschäftigung mit dem Alleinsein und der Einsamkeit das Individuum gegenüber der Gemeinschaft auf – in einer Zeit nach der Aufklärung, als das Individuum eine soziale und politische Aufwertung gegenüber seiner in der Ständegesellschaft festgelegten Rolleneinbindung erfährt.

Für viele Philosophen und Schriftsteller hängen dann auch die Begriffe der *Einsamkeit/Alleinsein* und *Freiheit* zusammen. Es war Wilhelm von Humboldt, der im 19. Jahrhundert das moderne Verständnis der Universität prägte und betonte, dass der wahrhaft forschende Geist vor allem auf Freiheit und Alleinsein angewiesen sei (siehe Osterloh 2010).

> *„Nur wer versteht, mit sich selbst zu leben, ist geeignet für das Leben mit Anderen. Das Selbst ist die einzige Person, die ich nicht verlassen kann, mit der ich zusammengeschweißt bin."*[85] *Hannah Arendt*

Freiheit und Alleinsein sind für Arendt (1998) entscheidende Grundvoraussetzungen des Denkens, des Philosophierens, des Lebens an sich und mit sich selbst (Arendt selber spricht von *solitude*): Nur ein Mensch, der allein sein kann, kann denken. Ein Mensch, der nicht allein sein kann und die Gesellschaft mit sich selbst nicht sucht, denkt nicht. Ein solcher Mensch lässt andere für sich – bewusst oder unbewusst – denken und folgt anderen. Dieser Mensch ist nach Arendt weder frei noch selbständig.
Ein verantwortliches Leben braucht nach Hannah Arendt Denkerleben, Zeit mit sich selbst, damit überhaupt eine bewusste und kultivierte Innerlichkeit und Persönlichkeit entstehen können.
Menschen, die nicht selbst denken und damit abhängig von dem sind, was von Anderen vorgegeben wird, bauen nach Arendt keine Innerlichkeit auf. Sie sind wie Phantome und brauchen ständig äußere Anweisungen.

---

[85] Arendt 2016.

Hannah Arendt schwebte ein anderes, neues Menschenbild vor. Sie wünschte sich geistig aktive Menschen. Und das hat nichts mit Intelligenz, Bildung oder Wissen zu tun, sondern mit dem persönlichen Willen, auch einmal mit sich selbst etwas zu erleben, ganz im Inneren, nicht erkennbar und ersichtlich für andere. Diese innere Freiheit sei es, die wir als Individuen vergessen oder verlernen, weil wir sie weder gelernt noch kultiviert haben. So schreibt Hannah Arendt:

> „Alles Denken verlangt ein Innehalten, es ist die Suche nach Sinn inmitten aller Erfahrung. Das Denken ist, existentiell gesehen, etwas, das man allein tut, aber nicht einsam: allein sein heißt mit sich selbst umgehen; einsam sein heißt allein sein, ohne sich in das Zwei-in-einem aufspalten zu können, ohne sich selbst Gesellschaft leisten zu können." (Arendt 1998, Hervorhebung CR)

Der Mensch ist Zwei-in-Einem beim Denken: In diesem *Zwei-in-Einem-Dialog* wird das Denken zu einem *inneren Zwiegespräch* mit sich selbst, mit dem die Reflektion und die Selbsterforschung des denkenden Menschen beginnt. Das bedeutet somit, dass der Denkende zwar physisch allein ist, aber nicht einsam. *Denken* ist für Arendt die einzige *duale Form des Alleinseins*. Nur im Denken bestätigt der Mensch sein Anderssein zu anderen Menschen.

Unabhängig der zeitgeschichtlichen Perspektive sind es verschiedene Glaubensrichtungen, die die Bedeutung von Einsamkeit für die persönliche spirituelle Entwicklung und den Glauben an Gott unterstreichen. In allen drei großen monotheistischen Religionen

Judentum, Islam und *Christentum* aber auch im *Buddhismus* und *Hinduismus* wird die Rolle von Alleinsein und Einsamkeit betont.

So ist das Gebet eine bewusst inszenierte Art des Alleinseins und der Einsamkeit mit Gott – auch wenn andere Gläubige physisch präsent sind. Wie Tolstoi (nach Tamcke 2010: 61) betont:

> „Je einsamer jemand ist, desto deutlicher hört er die Stimme Gottes."

In Einsamkeit zu leben, fernab von jeglicher Zivilisation, ist vor allem auch im Christentum eine Jahrhunderte alte Form des *religiösen und kontemplativen Alleinseins* (siehe Derwahl 2000 und Leenen 2006): In der römisch-katholischen Kirche gilt das *Eremitentum* als anerkannte Form des gottgeweihten Lebens.

Gerade in Religionen wie im *Buddhismus* eröffnet der Rückzug von anderen, die Möglichkeit des *achtsamen, differenzierten In-sich-Hineinhörens* mit dem Ziel der *Selbstvergewisserung über das eigene Ich*. So wird Buddha mit den Worten zitiert:

> „Allein sitzend, allein ruhend, allein umhergehend, frei von Trägheit; wer tiefe Einsicht in die Wurzeln des Leidens hat, genießt großen Frieden, wenn er in Einsamkeit weilt. Das Leben eingehend betrachtend, ist es möglich, alles, was ist, klar zu sehen. Von nichts versklavt, ist es möglich, von allen Begierden abzulassen. Das Ergebnis ist ein Leben voller Freude und Frieden. Das heißt, wirklich allein zu leben."[86]

---

[86] Buddha zitiert nach Webseite *Aphorismen*.de: https://www.aphorismen.de/zitat/18858.

Und Osho, der spirituelle Guru aus Indien, der sich vor allem in Europa und Nordamerika großer spiritueller Beliebtheit erfreut und jegliche Kategorisierung in Denkschulen ablehnte, unterstrich in seinen Vorträgen und Initiationsgesprächen:

> „Du sagst, wenn du mit Leuten zusammen bist, bist du glücklich. Es ist nicht Glück, es ist eine Halluzination von Glück, weil dein Verstand im Einklang mit den Leuten ist. Sie haben die gleichen Schwierigkeiten, wenn sie alleine sind. In der Gemeinschaft besteht also eine gewisse Harmonie, die dir das Gefühl von Glück gibt. Aber das ist nur ein sehr oberflächliches Gefühl: es hat keine Wurzeln.
> Solange du nicht in deinem totalen Alleinsein glücklich bist, ist alles, was du für Glück hälst (sic!), nur eine Täuschung."[87]
> „Die Fähigkeit, alleine zu sein entspricht der Fähigkeit, zu lieben. Es mag paradox erscheinen, doch das ist es nicht. Es ist eine grundlegende Wahrheit.
> Nur jene, die alleine sein können, können lieben, können teilen, können zum tiefsten Kern einer Person durchdringen, ohne sie zu besitzen, ohne abhängig von ihr oder süchtig nach ihr zu werden. Sie erlauben anderen die volle Freiheit, denn sie wissen, wenn sie verlassen werden, sind sie genau so glücklich wie vorher. Ihre Freude kann nicht genommen werden, weil sie nicht von anderen stammt."[88]

---

[87] Osho zitiert in *From Death to Deathlessness,* https://www.osho.com/de/read/featured-articles/other-myself/loneliness-is-pain-alone-ness-is-peace-hmm.

[88] Osho zitiert in *goodreads*, https://www.goodreads.com/author/quotes/2856822.Osho.

Diese Form vom zelebrierten Alleinsein ist für die Spirituellen unter Ihnen vielleicht ein immer wieder spannender Weg zur Selbsterkenntnis, zur inneren Ruhe und des inneren Friedens mit sich selbst.
Für die Anderen unter Ihnen mag diese Form von gesuchtem Alleinsein in der heutigen schnelllebigen Zeit zu abstrakt oder zu esoterisch wirken. Vielleicht ist da das faktische Wissen über die Auswirkungen von selbst gewähltem Alleinsein auf die Gesundheit und die Psyche vertrauter und zugänglicher. Wie in verschiedenen Studien belegt, wirkt bewusstes und selbstbestimmtes Alleinsein gesundheitsfördernd, trägt zum Selbstbewusstsein und Resilienz bei (siehe z.B. Long und Averill 2003).
Die Schulmedizin hat darüber hinaus belegt, dass Menschen, die sich allein regelmäßig in die selbstbestimmte Ruhe begeben und regelmäßig meditieren, ruhiger und gelassener werden und lernen, mit Stress konstruktiver umzugehen. Es gibt sogar Studien, die versuchen, die Effekte auf das Blut und die DNA nachzuweisen (siehe z.B. Sedlmeier 2016 und Klingsland 2018).

Es liegen beim Schreiben dieses Buch keine Untersuchungen vor, wieweit Meditation und Achtsamkeit vielen Menschen helfen und geholfen haben, gestärkt und widerstandsfähig durch den Corona-bedingten sozialen Ausnahmezustand zu kommen. Einige der Interviewteilnehmenden unterstreichen, dass Meditation, Achtsamkeit oder Yoga ihnen gerade auch in dieser emotional schwierigen Zeit allein, Kraft und positive Lebensenergie gegeben hätten.[89]

---

[89] Siehe auch Christian Röther: Achtsamkeit in Krisenzeiten. Mit Meditation gegen Coronaängste, *Deutschlandfunk Kultur* (12.4.2020), https://www.deutschlandfunkkultur.de/achtsamkeit-in-krisenzeiten-mit-meditation-gegen.1278.de.html?dram:article_id=474384.

„Nichts kann ohne Einsamkeit entstehen. Ich habe mir eine Einsamkeit geschaffen, die niemand ahnt.“[90] *Pablo Picasso*

Vom Ende des Rausches des Kollektiven – oder kann zu viel Kollektiv schaden?

Wenn selbst gewähltes Alleinsein sich positiv sich auf die Gesundheit und die Psyche auswirken kann, wirkt die Gruppe oder die Gemeinschaft ähnlich positiv auf das Individuum? Oder kann es auch ein Zuviel an Gemeinschaft geben?

Bei der Beantwortung dieser Fragen helfen die spannenden Erkenntnisse des US-amerikanischen Kinderpsychologen und Psychiaters Bruno Bettelheim: Er begleitete und untersuchte für längere Zeit israelische Jugendliche, die in Kibbuzim, den einst typischen Gemeinschafts- und Siedlungsformen für Israel, aufgewachsen sind. Bettelheim fand heraus, dass sich Gruppengefühle hemmend auf die Kreativität auswirken:

> „Ich glaube, daß es für sie (die Jugendlichen) fast unmöglich ist, persönliche Überzeugungen zu haben, die von jenen der Gruppe abweichen, oder sich auf schöpferische Art schriftlich ausdrücken – nicht nur, weil die persönlichen Gefühle unterdrückt werden, sondern weil das Ich zerbrechen würde.
> Wenn das Ich im Grunde ein Gruppen-Ich ist, dann ist der Gegensatz zwischen privatem Ich und Gruppen-Ich

[90] Picasso 1982: 28.

> ein selbstzerstörendes Erlebnis. Und das persönliche Ich fühlt sich zu schwach zum Überleben, wenn sein stärkster Aspekt, das Gruppen-Ich, verlorengeht." (Bettelheim 1971: 295 (Ergänzung CR)

Die Schlussfolgerungen von Bettelheim erklären unter anderem auch, wie Gruppen- und Ich-Identität in eher kollektiven Gesellschaften gelebt werden und eine enge emotionale und identitätsstiftende Abhängigkeit von der Gruppe für das Individuum entsteht (siehe auch Kapitel 2). Gleichzeitig wirft es die wichtige Frage auf, wie Kreativität und Einsamkeit miteinander zusammenhängen und aufeinander wirken – wie das obige Zitat von Picasso andeutet.

Wider den Team- und Zeitgeist?

Verschiedene Kreativitätstechniken betonen die Bedeutung von Gruppenprozessen, Gruppenarbeit und Teamgeist, um neue, innovative Ideen zu entwickeln (siehe Nölke 2015, Backerra et al. 2007 und Barth 2016). Die bekannteste aller Techniken ist das klassische Brainstorming: Mehrere Leute listen unzensiert und unkommentiert freie Ideen oder Lösungen zu einer Fragestellung oder zu einem Problem auf[91].

Die geläufigen Kreativitätstechniken suggerieren, dass Kreativität unter anderem durch Gemeinsamkeit bzw. gemeinsames Erarbeiten entsteht. Bei den Ratgebern und Klassikern zu Fragen der Kreativitäts- und Innovationsteigerung bekommt der Ratsuchende schnell den Eindruck, dass Kreativität immer ein

---

[91] Siehe für den Klassiker des Brainstormings Clark 1989.

Resultat von Gruppenprozessen sein muss: Der/die Einzelne kann allein nicht kreativ sein, sondern braucht andere, die ihm/ihr helfen, sein/ihr Potential zu entfalten.
Und es gibt kaum eine Stellenausschreibung, in dem nicht Teamfähigkeit als eine der erforderlichen Fähigkeiten gewünscht wird. In der professionellen Zusammenarbeit gilt Teamgeist als entscheidende Eigenschaft, um Kooperation, konfliktfreie Kommunikation und Arbeitsabläufe zu sichern. Ohne Zweifel trägt ein kollegiales und solidarisches Miteinander im Beruf dazu bei, dass Angestellte sich zufrieden fühlen und gerne ihre Arbeit leisten. Sind Teams deshalb gleichzeitig der Garant für kreative und innovative Ideen?

Kreativität durch Alleinsein und Einsamkeit?

Die Kreativitätsforschung und nur ein Blick auf alle großen Erfindungen der letzten Jahrhunderte legen durchaus einen anderen Schluss nah: Alleinsein selbst gewählt, nicht fremdgesteuert und temporär, ist zentral für kreative und innovative Ideen (für den Klassiker siehe Fromm Reichmann 1959).
Gleichzeitig beinhaltet es auch, dass man weiß wie man das Alleinsein konstruktiv nutzt: Der US-amerikanische Psychologe Rollo May spricht davon, dass man lernen müsste, die Angst vor der eigenen Einsamkeit zu überwinden (siehe May 1975). Laut May sind kreative Menschen in der Lage, einen sogenannten *inneren Monolog* zu führen und diesen auch auszudrücken: Nur Menschen, die mit sich selbst in Verbindung treten und reflektieren können, könnten ihre eigene innere Stimme finden (siehe May 1983).
Dieser Monolog ähnelt dem Verständnis von einem inneren Zwiegespräch von Arendt (und meinem Verständnis von Al-

leinsein). Arendt hat in verschiedenen ihrer Werke das Denken und das innere Zwiegespräch als zentral für Kreativität betont – Kreativität als eine Fähigkeit, die auch unter autoritären und repressiven politischen Systemen dem Einzeln gegeben sei. Laut Arendt wird die Kreativität ein Bewältigungsmechanismus, um mit Tyrannei umzugehen[92].

Der *konstruktive Zugang zur eigenen Einsamkeit und zum Alleinsein* ist entscheidend für die Kreativität. Wie wichtig und gleichzeitig aber auch herausfordernd das sein kann, belegt die Tatsache, dass Menschen in kreativen Berufen vergleichsweise stark anfällig für psychische Krankheiten gelten (siehe MacCabe 2018). Wie heißt es so schön bei Hermann Hesse in seinem Roman Der Steppenwolf aus dem Jahr 1927

> „So wie die Verrücktheit, in einem höheren Sinn, der Anfang aller Weisheit ist, so ist Schizophrenie der Anfang aller Kunst, aller Phantasie." (Hesse 1997: 277f)

Kreative Köpfe wie Albert Einstein, Pablo Picasso und Steve Jobs sind sehr oft Einzelgängiger gewesen, die auch die gängigen Gesellschaftsabläufe hinterfragten. Ohne das Hinterfragen von einem vorgegebenen Status Quo wären ihre kreativen Ideen nicht entstanden: Neue Ideen grenzen sich per Definition immer von dem Konventionellen und dem Traditionellen ab – das heißt, sie sind gleichzeitig auch eine Antwort auf eine Mainstreamentwicklung, die in Frage gestellt wird und/oder aus einem anderen Blickwinkel gesehen wird.

[92] Diese Fähigkeit sieht Arendt nicht in Systeme totaler Herrschaft gegeben wie dem Nationalismus oder Stalinismus, wo Terror, Vereinsamung, soziale Isolation und totale Kontrolle in das private Leben reichen.

Wie schon in Kapitel 1 angesprochen, werden neue Sichtweisen anfänglich oft nicht ernst genommen, ignoriert, belächelt und auch diskreditiert. Und es braucht Zeit, bis ein Umdenken überhaupt möglich ist, und neue Ideen von einer Mehrheit angenommen werden.

Und wenn es auch nicht den kreativen Menschen gibt – kreative Menschen zeichnen sich durch viele ähnliche Charaktereigenschaften aus, die sie von der Masse abheben. Vielen kreativen Denkenden werden eine große Beharrlichkeit und großer Mut, anders zu sein als andere, nachgesagt. Andere Charakteristika, die kreativen Köpfen bescheinigt werden, sind Risikobereitschaft, Fehlerfreundlichkeit und große Leidenschaft für die Idee (siehe auch Csikszentmihalyi 2019). Gleichzeitig fällt auf, dass kreative Menschen auch gute und überzeugende Kommunikatoren oder charismatische Persönlichkeiten sind, die es schaffen, ihr soziales Umfeld und ihre Netzwerke für die eigenen Ideen zu gewinnen.

Inwieweit Gruppen die Kreativität des/der Einzelnen stimulieren oder fördern, kann man somit verallgemeinert nicht sagen. Viel entscheidender erscheint, wie kreativ stimulierend eine Umgebung für den Einzelnen erlebt wird und wer die unterstützenden Begleiter*innen sind, die positiv auf den/die Einzelnen wirken: Alleinsein verleiht dem Leben *nicht die bessere* aber eine *entscheidende andere* Perspektive. Diese gilt es für die eigene Persönlichkeitsentwicklung, Erziehung und Alltag zu erkennen und wertzuschätzen und gegebenenfalls auch wieder immer neu zu lernen.
Gleichzeitig betonen einige Befragte angesichts der Ausnahmesituation aufgrund von COVID-19, welchen Unterschied es

macht, ob dieses Alleinsein freiwillig und selbstbestimmt gestaltet ist oder von außen auferlegt wird. Die Menschen, die eigene Freiräume zuhause selbstbestimmt schaffen konnten, wie z.B. durch selbstbestimmtes Arbeiten, Yoga, viel Lesen, scheinen zufriedener und glücklicher durch diese Extremsituation gegangen zu sein.
Eine Journalistin aus Berlin, die gewohnt ist, viel unterwegs zu sein, schildert es so:

> „Ich bin es ja eigentlich gewohnt, in einem Großraumbüro zu sitzen. Ich habe die Zeit zuhause während Corona irgendwie total genossen. Klar war das am Anfang eine Umstellung. Und klar fehlen die Alltagsrituale wie die Zigarette und Kaffee mit einer Kollegin. Aber gleichzeitig habe ich es genossen, viel selbstbestimmter meiner Zeit einzuteilen. Und ich freue mich dann schon sehr meine Kolleginnen wieder alle im Büro zu sehen – auch wenn ich erstaunt war, wie effektiver unsere Sitzungen online waren...und irgendwie habe ich auch gemerkt, dass ich doch viel lieber allein Arbeit , habe dann meine Ruhe, hatte ganz viele neue Ideen für Artikel und überhaupt ....bin vielleicht schneller und ich habe auch viel mehr Yoga gemacht, dazu habe ich sonst nie Zeit. Irgendwie habe ich die Zeit allein auch genossen ...wenn auch vor allem am Anfang ..."

[93] Svendsen 2017: 102.

"Perhaps our era's greatest problem then is not excessive loneliness, but rather too little solitude."[93] *Lars Svendsen*

Implikationen für Erziehung und beruflichen Alltag

Kreativität entsteht nicht zwangsläufig durch gemeinsames Erarbeiten. Ein zu wohliges Gruppenerlebnis kann auch zu einer gewissen mentalen Bequemlichkeit und Trägheit beitragen: Innovative Ideen mögen dann nicht so sprudeln, da neue Denkweisen erstmal Differenz und potentiell Konflikte schaffen und die Harmonie und emotionale Stabilität einer Gruppe gefährden können.

Kreative Mitarbeiter*innen mögen nicht unbedingt dem gängigen Verständnis von teamfähig entsprechen. Falls Kreativität in einer Firma oder Organisation als Anstellungsvoraussetzung oder Kernfähigkeit verlangt wird, stellt sich im Endeffekt auch die Frage, wie Alleinsein in Firmen und Organisationen einen größeren Stellenwert gegeben werden könnte. Hier wäre weniger gefragt, noch mehr schicke Großraumbüros zu bauen, sondern eher zu diskutieren, wie ein stimulierendes Umfeld für einzelne Mitarbeitende geschaffen werden könnte. Das scheint auch insofern wichtig, da aktuelle Studien belegen, dass Großraumbüros Kreativitätskiller sein können (siehe Bernstein und Turban 2018): Die angestrebten verstärkten interdisziplinären Kooperationen und Interaktionen zwischen Mitarbeitenden blieben aus, stattdessen suchten Mitarbeitende verstärkt die Privatsphäre (und die elektronische Kommunikation untereinander).

Die obigen Erkenntnisse Bettelheims weitergedacht bedeuten auch, dass wir offener und gelassener mit Alleinsein umgehen sollten: Je früher wir lernen, dass Alleinsein, normal, wichtig und richtig ist, umso mehr lernen wir einen natürlichen, entspannten und ehrlichen Umgang mit dem Thema und fühlen uns gleichzeitig nicht einsam. Zu Ende gedacht heißt das auch, dass der Umgang mit Alleinsein und Einsamkeit integraler Bestandteil von Kinder- und Schulerziehung sein müsste.

Diese Gedanken erscheinen umso nahliegender angesichts der Erkenntnisse des Psychoanalytikers Winnicotts. Winnicott, britischer Kinderarzt und Psychoanalytiker in den 50er Jahren, hat in Untersuchungen festgestellt, dass Erwachsene nur allein sein können, ohne unter Einsamkeit zu leiden, wenn sie als Kinder allein sein konnten und die emotionale Präsenz ihrer Bezugspersonen wussten (Winnicott 1958 und 1956).

Der Psychologe Larson hat außerdem nachgewiesen, dass Jugendliche im Alter von 12 Jahren, die öfters bewusst und selbstgewählt allein sein können und wollen, sozial kompatibler und umgänglicher sind als Altersgenossen, die diese Zeit allein nicht hatten (siehe Larson 1997).

Allgemeiner gedacht beinhalten diese Erkenntnisse auch, einen lebendigen Wechsel von Alleinsein und Zweisamkeit bzw. Zusammensein mit anderen hinzubekommen und zu gestalten. Dieses *Zusammenspiel* von *Einsamkeit* und *Zweisamkeit* haben schon Philosophen wie Seneca und Stoiker betont:

> „Man muß dennoch beides miteinander verbinden und abwechseln – Einsamkeit und Geselligkeit. Jene verursacht in uns Sehnsucht nach Menschen, diese nach uns selber, und es dürfte die eine der anderen Heilmittel sein: den Haß auf die Masse heilt die Einsamkeit, den Verdruß gegenüber der Einsamkeit die Masse." (Seneca: Über die Seelenruhe XVII 3, zitiert in/nach Rosenbach 1993: 167ff)

Dieses Wechselspiel beflügelt beide Zustände menschlicher Existenz und kann maßgeblich zu einer lebensbejahenden und ressourcenorientierten Persönlichkeitsentwicklung beitragen. Diese Erkenntnis könnte nicht nur für Kinder und Jugendliche gelten, sondern im Sinne des lebenslangen Lernens für alle Altersgruppen ein Credo sein.

Bei dem Stichwort Komplementarität von Alleinsein und Zusammensein fallen mir die verschiedenen Begriffskombinationen von einer Interviewpartnerin aus der Schweiz wieder ein: In *einsam* wie in *zusammen* stecke das Wortteil „sam". Man könnte *einsam* also auch verstehen als „mit sich selbst zusammen sein" d.h. eins mit sich zu sein – im Gegensatz zu *zweisam*, wenn man „mit jemand anderem zusammen ist".
Einsam würde dann bedeuten, mit mir selbst verbunden und in Frieden mit sich selbst zu sein. Als einzigartiges Individuum unterscheide ich mich immer von anderen und deshalb ist die Erfahrung von Einsamkeit existenziell und unvermeidbar, wenn man sich ihr stellt und sie nicht verdrängt. Gleichzeitig bin ich ja auch immer verbunden mit allem anderen. Wenn ich dieses *Spannungsfeld* von *Einsamkeit* und *Zweisamkeit* halten und sie gleichzeitig empfinden bzw. leben kann, dann ist das der Inbegriff von *Geborgenheit*: ich werde in meiner Individualität vom Kollektiv voll und ganz akzeptiert.

Ähnliche Begriffsassoziationen kommen einer anderen Interviewpartnerin auch beim Begriff Alleinsein in den Sinn: Allein geschrieben als *all-ein* drückt aus, dass *Alles in Einem* ruht, d. h. man ist so gut wie man ist, und man braucht nicht was anderes oder andere.

Diese Wortspielerei beinhaltet auch die schlichte und dennoch weitreichende Erkenntnis, dass Alleinsein eigentlich der ganz natürliche Zustand von uns Menschen ist. Es ist ein Akt der Selbstbestimmung: Wir haben die Verantwortung, uns selbst glücklich und zufrieden zu machen – und niemand anders.
Wenn wir Alleinsein als wichtiges Lebensprinzip verstehen lernen, dem sich jeder Mensch – in und außerhalb von Liebesbeziehungen, Freundschaften und Familien – bewusst stellen sollte, nehmen wir Einsamkeit die Einmaligkeit und Schwere.
In meinen Interviews wird klar, dass die Frauen und Männer, die schon dem Ausbruch der Pandemie COVID-19 gut allein sein konnten, sich auch jetzt weniger einsam fühlen: Diese Befragten pflegten bewusst soziale Kontakte online, hatten einen klar strukturierten Alltag und konnten das entschleunigte Leben sowie das Alleinsein genießen. Und die Befragten, die schon vor Corona mit Einsamkeit kämpften, haben sich jetzt noch einsamer gefühlt: Online-Kontakte und soziale Medien halfen dabei, durch den Tag zu kommen, auch wissend, dass es vielen anderen Menschen sehr ähnlich wie ihnen ginge. Eine Musiklehrerin aus München beschreibt es so:

> „Jetzt, wenn ich nicht meine Kurse geben kann und nicht Freunde treffen kann, fühle ich mich irgendwie allen gleich, aber auch nochmal anders einsam. Ja, allein und einsam zusammen mit anderen... Vielleicht lerne ich mich jetzt nochmal anders kennen, aber vielleicht bin ich einfach noch einsamer ...ich weiß es nicht."

Ich behaupte, dass ein *achtsames Leben von Alleinsein die beste Art der Prävention vor Einsamkeit* ist: Alleinsein verstanden als wichtigen Prozess und persönliche Ressource, die ermöglichen, sich selbstbestimmt über seine eigenen Wünsche, Ängste und Bedürfnisse bewusst wahrzunehmen: Wenn ich im Alleinsein lerne, welche Bedürfnisse ich habe, was gut für mich als Individuum ist, welche Art von sozialen Kontakten ich brauche, und was mir als Individuum eher schadet und Energie nimmt.

Dieses Kapitel hat das vermeintliche Paradox näher beleuchtet: Je früher wir bewusst und immer wieder lernen, mit Alleinsein umzugehen, umso mehr verfügen wir auch über eine gesunde und *selbstbestimmte Prophylaxe* vor *chronischer Einsamkeit* und *sozialer Isolation*.
Gleichzeitig entsteht Einsamkeit nicht in einem Vakuum, sondern in einem konkreten sozio-politischen Kontext. Das bringt mich zu Kapitel und These 5.

Kapitel 5: Einsamkeit ist keine Krankheit

"To experience the social hunger that loneliness implies is no more a sickness than feeling physically hungry because you have not eaten."[94] *Lars Svendsen*

These 5:
Einsamkeit ist keine Krankheit. Chronische Einsamkeit – stillschweigend als Versagen Einzelner akzeptiert – ist das Resultat sozial-politischer Verwerfungen und Fehlentwicklungen. Wie wir als Gesellschaft mit Einsamkeit und Alleinsein umgehen, spiegelt unsere Einstellung zum Leben und unser Verständnis von gelebter Demokratie und politischer Herrschaft wider.

Einsamkeit hat es immer gegeben und wird es immer geben. Sie ist ein ganz *normales*, persönliches und soziales Phänomen und eine menschliche Herausforderung und sollte als solche anerkannt werden. Und so behaupte ich, dass Einsamkeit als besondere Form der Verletzbarkeit nicht geheilt, sondern gesellschaftlich gelebt und adressiert werden muss.

Wie wir als Gesellschaft mit Einsamkeit umgehen, spiegelt unsere Einstellung zum Leben wider: Wie wir Einsamkeit als besonderer Form der Verletzbarkeit adressieren, sagt viel über unsere gesellschaftlichen Werte aus. Lassen wir Verletzbarkeit zu? Ist es gesellschaftlich akzeptiert? Dürfen wir Schwäche zeigen? Lernen wir Einsamkeit zu enttabuisieren? Oder akzeptieren wir zunehmend, sie zu pathologisieren?

[94] Svendsen 2017: 102.

Es wird sich gerade in der Zeit nach COVID-19 zeigen, inwieweit wir als Individuen und Gesellschaften bereit sind, einen anderen Zugang zu unserer eigenen Verletzbarkeit, Einsamkeit und Alleinsein zu finden und zu lernen.

Trotz großer kultureller Unterschiede sehen viele Interviewpartner*innen ihre eigene Einsamkeit als persönliches Versagen, aber auch als soziale Mangelerscheinung und Krankheit, die *korrigiert* oder *geheilt* werden müsste.
Zweifelsohne manifestiert sich für viele Menschen – auch für viele meiner Befragten – Einsamkeit in Form von Müdigkeit, depressiver Grundstimmung, emotionaler Leere, Orientierungslosigkeit, Nervosität, Traurigkeit und tiefer Melancholie – und das auch schon lange vor dem gesellschaftlichen und internationalen Ausnahmezustand aufgrund von COVID-19.
Wie gefährlich und herausfordernd chronische Einsamkeit für den Einzelnen/die Einzelnen und die Gesellschaft sein kann, habe ich an verschiedenen Stellen des Buches unterstrichen.

Gleichzeitig stellt sich die Frage, wie hilfreich es für uns als Gesellschaft und für die Betroffenen ist, das persönliche und soziale Phänomen Einsamkeit als Krankheit und damit Betroffene als Kranke zu klassifizieren. Wem ist damit geholfen?
Statt größere Bevölkerungsgruppen zu pathologisieren im Stil von Spitzer (2018) und einer weiteren Emotionalisierung des Themas Vorschub zu leisten, erscheint ein offener, ehrlicher, wohlwollender und entspannter Umgang mit Fragen von Einsamkeit unter Freunden, in Familien und der Gesellschaft wichtig.

Eine argentinische Interviewpartnerin bringt es erfrischend direkt auf den Punkt:

> „Wie kann man nie einsam sein? Das verstehe ich nicht ...wir Menschen als soziale Wesen sind auf soziale Kontakte angewiesen, und die laufen ja nicht immer so wie wir uns das wünschen. Ich fühle mich relativ oft einsam, auch gerade in Gruppen und mit Freunden ...mir geht es dann nicht immer gut ... aber das kommt und geht ... ganz normal...wie das Leben halt so ist – ein Auf und Ab...und somit kann ich meine eigene Einsamkeit auch ein bisschen kultivieren und genießen...und ja, ich rede viel mit meiner Mutter darüber und auch mir Freunden."

Diese Interviewpartnerin findet es eher verdächtig, wenn Menschen vorgeben, nie wirklich einsam zu sein: In ihrer Einschätzung würden Menschen, die angeblich nie unter Einsamkeit litten, ihr eigenes Leben so durchterminiert haben oder nur in Gruppen unterwegs sein, dass ihr Einsamkeitsgefühl gar nicht erst aufkommen würde. Wenn es nach der sozialen Vision dieser Interviewpartnerin geht, sollten Menschen wieder stärker lernen, *Unabhängigkeit* und *Freiheit* zu erleben und zu suchen, dann würde man automatisch anders mit Alleinsein und seiner eigenen Einsamkeit umgehen:

> „Ich weiß, es klingt komisch für viele ... aber ich bin mir oft selber einfach genug. Ich brauche niemand anders mehr. Es ist zwar schön und ich genieße es, wenn andere Leute da sind, aber sie sind nicht mehr absolut notwendig, damit ich mich gut und gesehen fühle. Ich merke,

> ich denke anders alleine, irgendwie freier, offener und irgendwie wilder."

Irgendwie spricht die Interviewpartnerin mir sehr aus der Seele. Auch wenn sie mir leider nicht verraten hat, wie sie genau anders denkt. Der Verweis auf das Denken bringt uns wieder zu Hannah Arendts Verständnis von Alleinsein (im Sinne von *solitude*) als zentral für die menschliche Denkfähigkeit.
Alleinsein im Sinne von Hannah Arendt zu verstehen bedeutet, dass wir als Individuen und Gesellschaften bewusster Tätigkeiten (weiter) kultivieren sollten, die *Zwei-in-Einem-Dialog* Aktivitäten ermöglichen. Dazu zählen Wandern, Lesen[95] oder Musik hören. Aktivitäten, die stärker das persönliche Innenleben eines jeden Menschen aktivieren, um die eigene Denkfähigkeit wachzuhalten und immer wieder zu beleben.

Als ich einer syrischen Freundin von diesen Ideen erzähle, lacht sie und wird auf einmal ganz ernst. Zu dem Zeitpunkt als wir reden, hat COVID-19 gerade den Höhepunkt in Europa erreicht, und es sind erste Fälle von bestätigten COVID-19 Fällen in Syrien und den benachbarten Flüchtlingslagern bekannt geworden[96]:

> „Ich habe einen Bericht in der Zeit über Europa und dem Corona-Virus gelesen...und dann stand da auch was von Einsamkeit, wie sie wohl zunehmen würde in der jetzigen Zeit ...irgendwie macht uns der Virus alle gleich ...

[95] Siehe auch Psychoanalytiker Hans-Jürgen Wirth: „Liest man ein Buch, tritt man in Dialog mit dem Autor, er ist das Gegenüber" zitiert nach Matthias Thome: Braucht der Mensch ein Gegenüber? *Zeit online* (19. Juli 2017), https://www.zeit.de/zeit-wissen/2017/04/gesellschaft-existenz-menschen.

[96] Siehe Corona kämpft nun mit in Syrien, *Deutsche Welle* (23. März 2020). https://www.dw.com/de/corona-kämpft-nun-mit-in-syrien/a-52883635.

> aber ganz ehrlich…wenn ich es sagen darf…Einsamkeit mag ein Thema sein bei euch und vielleicht auch bei uns, irgendwie und dann auch eben auch so gar nicht … bei ganz anderen Sorgen wie hoher Inflation, Knappheit von Allem, Stromausfällen, Arbeitslosigkeit und großer Hoffnungslosigkeit… social distancing[97] mag wichtig sein…aber was heißt das für uns? Wer wird sie politisch nutzen? Und wem wird sie wirklich schaden?"

Auch eine andere Syrierin betont im Gespräch mit mir ein paar Tage später eine bittere Wahrheit und eine leise Hoffnung:

> „Corona macht uns alle gleich – egal ob reich oder arm. Und jetzt geht es euch so wie uns … zumindest irgendwie und ein bisschen…und wir Syrier sind nicht mehr alleine…allgemein und jetzt im Ausnahmezustand nicht allein".

Alleinsein als Privileg

Ich habe den Eindruck, dass die syrischen Interviewpartnerinnen es nicht so direkt sagen wollen. Aber als ich in einem Nebensatz bei einem erneuten Gespräch etwas von einem Privileg erwähne, nickt die eine nur und bevor die Internetleitung zum wiederholten Male zusammenbricht, höre ich sie noch sagen:

> „So ein Gleichmacher ist dann COVID-19 vielleicht doch nicht."

[97] Irreführender Begriff, der – je nach Land und Regierungsvorgaben – die physische Distanz von 1.5 bis 2 Metern, Hygienevorschriften und Vermeidung von Menschenansammlungen beinhaltet.

In welchem Ausmaß physisches Alleinsein in Form vom sogenannten *social distancing*[98] ein Privileg sein kann, wird nicht nur durch das Gespräch mit den syrischen Kolleginnen deutlich. Wie sich das Privileg für jede/n Einzelnen von uns darstellt, wird schnell klar, wenn man sich vergegenwärtig, wer am stärksten von dem Virus betroffen sind: Es sind die Menschen, die aufgrund ihrer Lebenssituation physische Distanz und Alleinsein nur begrenzt oder gar nicht leben können und Gewalt und Gefahren ausgesetzt sind.

Da sind die Familien, Sexarbeiter*innen, Stunden- und Tagelöhner und Straßenkinder, die in den menschenunwürdigen Armutsvierteln von Bangladesch, Brasilien oder Indien leben, die dem Virus schutzlos ausgesetzt sind. Da sind die Geflüchteten auf dem griechischen Festland oder Lesbos, die auf engstem Wohnraum, unter unhygienischen und menschenunwürdigen Bedingungen ausharren und vor sich hinvegetieren. Da sind die Syrier*innen und Palästinenser*innen, die seit Jahren in einem Ausnahme- und Belagerungszustand leben – fernab vom internationalen medialen Hype und der Hysterie rund um Corona.
Bei anderen Syriern ist die Hoffnung gestorben, und es geht primär um das Warten auf den Tod:

> „Wir sind von allen im Stich gelassen, sogar die NGOs haben das Lager verlassen. Wir können nur noch auf uns selbst vertrauen und versuchen, uns selbst zu helfen. Ganz dringend brauchen wir Mülltüten, Handschuhe und Wasser – jede erdenkliche Hilfe. Aber wir haben wenig

[98] Wörtlich aus dem Englischen übersetzt als „soziale Distanz und Distanzierung". Der Begriff wurde schnell im deutschsprachigen Raum aus dem Englischen übernommen.

> Hoffnung. Ich kann nur für die syrischen Flüchtlinge sprechen: Wir warten hier darauf, wie wir sterben werden. Im Grunde verlangen wir nur, dass sich Menschen dafür interessieren. Wir vermissen das Mitgefühl, Emotionen. Was hier geschieht ist unmenschlich. Wenn andere jetzt zu Hause bleiben: Wir können das nicht. Ich lebe in einem Zelt, neben Tausenden Menschen auf engstem Raum. Wenn sich eine Krankheit ausbreitet, sind wir verloren."[99]

Oder wie es die syrische Kollegin betont,

> „für uns ist selbstbestimmtes Alleinsein ein Thema aus einem so ganz anderen Film, ein Luxusproblem oder zumindest ein Privileg".

Für viele Syrierinnen ist es außerdem sehr ungewöhnlich, allein zu sein oder allein zu leben. Der enge Familienzusammenhalt wird auch gerade in schwierigen emotionalen Zeiten als normal und selbstverständlich verstanden. Das Zusammensein mit der Familie und Freunden ist der *emotionale Kitt* für den Einzelnen und die Gemeinschaft: „Ohne die Familie hätte ich das Alles hier nicht überlebt", wie eine syrische Interviewpartnerin mehrmals betont. Für viele andere Menschen außerhalb und innerhalb Syriens ist gerade in diesen Tagen diese enge familiäre Nähe eine Überlebenstortur, für manche der ganz persönliche Krieg oder Terror.

---

[99] Jan Ole Arps: Wenn sich eine Krankheit ausbreitet, sind wir verloren, analyse & kritik. Zeitung für linke Debatte & Praxis (27.3.2020), https://wirkommen.akweb.de/2020/03/wie-die-bewohnerinnen-des-fluechtlingslagers-moria-gegen-das-corona-risiko-kaempfen/?fbclid=IwAR3f2c-aL1L4AwUA1bkmNE0QuMsNQ2u0uLiZKTofTf5XWH5pfgcQ4jEGV90.

Manche Kommentator*innen sprechen von “intimate terrorism”[100]:
Aus verschiedenen Teilen der Welt[101], auch aus Ländern wie Großbritannien[102] und Deutschland[103], wird die Zunahmen von häuslicher Gewalt, primär in der Form von physischer und sexualisierter Gewalt gegen Frauen und Kindern gemeldet[104]. Das ist damit zu erklären, dass typischerweise in Zeiten von Stress, Druck und Angst regelmäßig physische Gewalt zunimmt.
Schon vor dem Ausbruch von COVID-19 war physische und sexualisierte Gewalt gegen Frauen, Kinder und Männer *normalisiert*: und bittere Realität und Alltag in vielen Familien und allem Ländern der Welt.
Es besteht die berechtigte Befürchtung, dass auch in Zeiten von politisch auferlegter sozialer Isolation diese Gewalt noch zunehmen wird. Sie nimmt fernab von der breiteren Öffentlichkeit und Nachbarn zu, die sich in sozialer Distanz üben und versuchen, mit der neuen persönlichen und sozialen Unsicherheit klarzukommen. Die Gewalt nimmt außerdem zu, weil lokale Hilfsorganisationen aufgrund von begrenzten Ressourcen in diesen

---

[100] Siehe Amanda Taub: A New Covid-19 Crisis: Domestic Abuse Rises Worldwide, *The New York Times* (aktualisiert 14.4.2020), https://www.nytimes.com/2020/04/06/world/coronavirus-domestic-violence.html.

[101] Ibid.

[102] Siehe Mark Townsend: Domestic abuse cases soar as lockdown takes its toll, *The Guardian* (4.4.2020) und Jamie Grierson: UK domestic abuse helplines report surge in calls during lockdown, The Guardian (9.4.2020).

[103] Siehe Helena Dali: Corona-Krise: Frauen und Kinder brauchen jetzt mehr Schutz, *Frankfurter Rundschau* (11.5.2020).

[104] Siehe auch Michael Sullivan: Child Sex Abuse Livestreams Increase During Coronavirus Lockdowns, NPR (8.4.2020) und FBI National Press Office: School Closings Due to COVID-19 Present Potential for Increased Risk of Child Exploitation. *FBI Press Releases* (23.3.2020), https://www.fbi.gov/news/pressrel/press-releases/school-closings-due-to-covid-19-present-potential-for-increased-risk-of-child-exploitation.

Krisenzeiten und der Sorge um die Gesundheit ihrer eigenen Mitarbeiten an ihre Grenzen kommen[105].

Die international tätigen Frauenrechtsorganisationen wie *medica mondiale* schlagen Alarm, was soziale Isolation für Geflüchtete und vor allem für Frauen bedeutet[106]: *Social distancing* bedeutet neben physischer Distanz wenig soziale Unterstützung und konkret gelebte Solidarität für betroffenen Frauen weltweit.
Wie einsam sich die Frauen, Kinder und Männer, die den Auswirkungen von sozialer Distanz schutzlos ausgeliefert sind, fühlen müssen, kann ich nur spekulieren.

Die beschriebenen Auswirkungen der Pandemie zeigen, welche konkrete Auswirkungen *social distancing* – innerhalb und außerhalb des Familienkontextes – haben kann. Es wird deutlich, welcher soziale Sprengstoff entsteht, wenn (so gleich auch fremdbestimmtes) Alleinsein ausbleibt bzw. nicht realisiert werden kann: Alleinsein – egal ob selbstbestimmt oder fremdbestimmt – wird zu einem Privileg, das dem Großteil der Menschen verwehrt bleibt. Wer hätte vor COVID-19 gedacht und verstehen können, dass *Alleinsein* und *physische Distanz* zu *sozialen Privilegien* werden könnten?

Das bringt uns zu der Frage, inwieweit Alleinsein und Einsamkeit immer auch Spiegel von bestimmten sozial-politischen Kontexten sind: Wie wir als Gesellschaft mit Einsamkeit und

---

[105] Siehe Helena Dali: Corona-Krise (11.5.2020).

[106] Siehe medica mondiale: Corona-Krise: Gewaltschutz für geflüchtete Frauen muss endlich umfassend umgesetzt werden, *Pressmitteilung medica mondiale* (7.4.2020), https://www.medicamondiale.org/nc/nachrichten/corona-krise-gewaltschutz-fuer-gefluechtete-frauen-muss-endlich-umfassend-umgesetzt-werden.html.

Alleinsein umgehen, spiegelt unsere Einstellung zum Leben und unser Verständnis von gelebter Demokratie wider.

> *„Grüße! - aus dem Zeitalter der Uniformität, aus dem Zeitalter der Einsamkeit, aus dem Zeitalter des Großen Bruders, aus dem Zeitalter des Doppeldenk - Grüße!“*[107] *George Orwell*

Alleinsein und Einsamkeit als gesellschaftspolitische Spiegel

Lange vor dem Ausbruch des Corona-Virus betitelte die Frankfurter Allgemeine Sonntagszeitung im Jahr 2018 einen Artikel über die Zunahme von Einsamkeit in Deutschland mit „Ist der Mensch einsam, leidet die Demokratie.“[108] Sie werden sich vielleicht fragen, was Einsamkeit mit Demokratie und politischen Entscheidungsprozessen zu tun hat. Wo ist da der Zusammenhang?

Es war George Orwell, der in seiner gesellschaftskritischen Fiktion *1984* eine Gesellschaft entwirft, in der das Alleinsein abgeschafft ist:
Das Individuum mit seinen eigenen Bedürfnissen, Wünschen und Ideen wird ausgemerzt. Das Alleinsein wird abgeschafft, um die langfristige Machterhaltung von einigen Wenigen, der diktatorischen Elite, zu ermöglichen und sichern:

---

[107] Orwell 2008: 1984.

[108] Siehe Antje Schmelcher: Ist der Mensch einsam, leidet die Demokratie, *Frankfurter Allgemeine Sonntagszeitung* (25.2.2018), www.genios.de/presse-archiv/artikel/FAS/20180225/ist-der-mensch-einsam-leidet-die-de/SD1201802255356212.html.

> „Im Prinzip hatte ein Parteimitglied keine Freizeit und war, außer im Bett, niemals allein. Es wurde von ihm erwartet, dass es, wenn es nicht arbeitete, aß oder schlief, an einer Parteiunterhaltung teilnahm; irgend etwas zu tun, das einen Hang zum Alleinsein verriet, auch nur für sich einen Spaziergang zu machen, war immer ein wenig gefährlich." (Orwell 2008: 1984. Kapitel 8)

Die sozialen und politischen Entwicklungen in der Fiktion *1984* verdeutlichen auf eine unterhaltsame und gleichzeitig drastische Weise, wie schnell und subtil die Verhinderung des Alleinseins zum allgemeinen Prinzip in einer Gesellschaft wird. Die jeweiligen Führer sind davon allerdings ausgenommen.

Zugespitzt formuliert, bedeutet es auch, dass je unfreier und autoritärer eine Institution und Gesellschaft sind, desto mehr Wert legen sie auf *die Gemeinschaft*, und desto stärker werden *Einzelgänger*innen* und *Alleinsein diskreditiert*. Einzelgänger*innen und ihr eigenständiges Denken könnten zu schnell zur Bedrohung der Gemeinschaft werden.

Gleichzeitig ist nach Arendt die Erfahrung der *Einsamkeit* die *Grunderfahrung menschlichen Zusammenseins in totalitären Herrschaften:*

> "What prepares men for totalitarian domination in the non-totalitarian world is the fact that loneliness, once a borderline experience usually suffered in certain marginal conditions like old age, has become an everyday experience of the evergrowing masses of our century. The

> merciless process into which totalitarianism drives and organizes the masses looks like a suicidal escape from this reality." (Arendt 1976)

Einsamkeit entsteht nach Arendt,

> „...wenn (...) diese gemeinsam bewohnte Welt auseinanderbricht und die miteinander verbundenen Menschen plötzlich auf sich selbst zurückwirft." (Arendt 1998: 977)

Die Menschen seien dann

> „...wirklich allein, nämlich verlassen nicht nur von anderen Menschen und der Welt, sondern auch von dem Selbst.... So sind sie unfähig, (...) die eigenen, von den anderen nicht mehr bestätigte Identität mit sich selbst aufrechtzuerhalten." (Arendt 1998: 977, Hervorhebung CR)

In der Einsamkeit sei *Denken* im Sinne von dem *Zwei-in-Einem Dialog* nicht mehr möglich und der Mensch verliere sein Selbst, seine Persönlichkeit und werde zu einem Phantom oder Niemand. In der Einsamkeit gingen

> „...Selbst und Welt, und das heißt echte Denkfähigkeit und echte Erfahrungsfähigkeit, zugleich zugrunde." (Arendt 1998: 977)

Für Arendt sind Einsamkeit und Isolation politische Prozesse: Das Denken wird anderen überlassen. Einsamkeit ermöglicht es Herrschern, Misstrauen und Angst vor Anderen zu sähen und Verunmöglichen der Massen, sich politisch zu organisieren (Arendt 1976 und Arendt 1998). Diese These von Arendt beinhaltet zugespitzt, dass durch die Einsamkeit das Individuum mental in totalitäre Bewegungen getrieben werden kann.

Was bedeuten diese Erkenntnisse für gelebte Demokratie und unsere Gesellschaften gerade Post-COVID-19? Es scheinen vor allem die folgenden vier Punkte zentral:

Einsamkeit und Alleinsein als Ressourcen

Erstens sollten wir als moderne Gesellschaften lernen, über Einsamkeit zu reden und selbstbestimmtes Alleinsein immer wieder zu suchen.
Über Einsamkeit zu reden, heißt auch, immer (wieder) die eigene *Verletzbarkeit* anzuerkennen und zu akzeptieren. Lassen wir unsere eigene Verletzbarkeit zu, indem wir lernen über unsere eigene Einsamkeit reden? Lernen wir Verletzbarkeit, Einsamkeit und Alleinsein als Ressourcen zu sehen und anzuerkennen? Lernen wir diese zu transformieren, um emotionale Bindungen und Verbindungen zwischen Menschen neu zu definieren (siehe auch Murphy 2020)? Wie der Philosoph Christoph Quarch so treffend sagt:

> „Corona lehrt, dass nichts für unseren Fortbestand so gefährlich ist, wie die völlige Bindungslosigkeit und Ignoranz von Menschen, die glauben, nichts und niemand gehe sie etwas an; die sich über alles stellen, was um sie herum geschieht.“[109]

[108] Siehe Christoph Quarch (o.D.): Neustart. Fünfzehn Lehren aus Corona, https://christophquarch.de/12-lektionen-von-corona/ (Hervorhebung CR)

Die Herausforderung wird auch nach COVID-19 für viele von uns bleiben, die eigene Einsamkeit in Alleinsein (im Verständnis von Arendt) zu transformieren:

> "Our task today is to transform moments of loneliness into solitude. While anyone who finds oneself alone can practice solitude, social distancing provides the perfect opportunity to regain this lost art. Solitude is more necessary than ever, both for weathering the coronavirus and for restoring the world. After spending time in solitude - engaging in thought, examining our conscience, creating something new - we can reengage with the "trusting and trustworthy company of [our] equals" to renew the world."[110]

Lernen wir als Individuen und Gesellschaften bewusster Aktivitäten (weiter oder wieder) zu kultivieren, die Alleinsein – im Verständnis von Arendts *Zwei-in-Einem- Dialog* – ermöglichen? Dazu gehören z. B. wandern, lesen oder Musik hören - Aktivitäten, die mehr das persönliche Innenleben eines jeden Menschen aktivieren, um die eigene Denkfähigkeit wach zu halten und immer wieder zu aktivieren. Und lernen wir so, fast nebenher, das Stille und das Unspektakuläre zu kultivieren[111]?

Alle diese Fragen klingen in den Zeiten der sozialen Medien und Selbstdarstellung im Tinder- oder Instagram-Format wenig spektakulär, gerade zu banal und anachronistisch. Aber viel-

---

[110] Kate Bracht: The Art of Social Distancing According to Hannah Arendt, Fair Observer (23. März, 2020), https://www.fairobserver.com/culture/coronavirus-social-distancing-self-isolation-solitude-hannah-arendt-totalitarianism-news-16651/ (Hervorhebung dort).

[111] Siehe Leyla Gleissner: Stille als Chance? *Philosophie Magazin* (10.4.2020).

leicht sind es genau diese unscheinbaren und vermeintlich profanen Aktivitäten, die wir in der heutigen Zeit wieder stärker wieder suchen sollten.
Lernen wir diese Aktivitäten zu kultivieren, nicht als Selbstzweck der eigenen Denkfähigkeit,

> „…sondern als einen guten Anlass, (…) denen Gehör zu schenken, für die die Stille der Einsamkeit schwierige Normalität ist“[112]?

Und damit langsam diese neu gewonnene Stille zu nutzen,

> „…um diejenigen Stimmen vernehmbar zu machen, die grundsätzlich und ungefragt leise bleiben müssen.“[113]

Der Ausnahmezustand aufgrund von COVID-19 eröffnet hier eine Chance für einen spannenden *Perspektivenwechsel*: Wir konnten lernen, dass ich mich und andere durch die achtsame physische Distanz schützen kann. Oder zugespitzt und weitergedacht formuliert: Lebe ich achtsam Alleinsein, kann ich eine gesunde Distanz und Empathie für die Bedürfnisse von anderen entwickeln.
Die Ausnahmesituation rund um COVID-19 lädt uns ein, unser eigenes Alleinsein als Einladung zur Solidarität und Empathie mit anderen zu verstehen – nicht nur für die diejenigen, die unter chronischer Einsamkeit leiden.

Alleinsein als wichtiges Lebensprinzip

Zweitens: Wenn wir Alleinsein als wichtiges Lebensprinzip verstehen, um uns lebendig, selbstbestimmt und empathisch in

---

112 Ibid.
113 Ibid.

sozialen Gruppierungen einzubringen, werden wir unweigerlich lernen, mit Einzelgänger*innen oder nicht gesellschaftskonformem Verhalten anders umzugehen:
Wenn ich mein *Anderssein* und meine *Verletzbarkeit* als Individuum akzeptieren und eventuell sogar zu schätzen lerne, kann ich gesellschaftlichen Einzelgänger*innen mit größerer gesellschaftlicher Offenheit und Akzeptanz entgegentreten.
Wie wir mit Andersdenkenden oder Einzelgänger*innen umgehen, ist gesellschaftlich konditioniert und kann auch verändert werden. Das fängt im Kindergarten an, geht über Teams in Firmen und Institutionen bis hin zu politischen und gesellschaftlichen Diskussions- und Entscheidungsprozessen in Politik, Wirtschaft und sozialen Medien: Wenn ich von klein auf lerne, dass Alleinsein, Verletzbarkeit und Anderssein sein dürfen und diese gesellschaftlich Raum gegeben werden, kann ich einfacher zu meinem eigenen Alleinsein und damit auch zu meiner eigenen Einsamkeit *Ja* sagen. Alleinsein, Einsamkeit, Zweisamkeit oder Gemeinschaft können sich dann als ganz natürliche soziale Prozesse einspielen, ohne dass das eine über dem anderen steht und überbetont wird.

Einsamkeit als sozialer Prozess

Drittens: Die Diskussion um Einsamkeit sollte nicht als Scheindiskussion um subjektive Emotionen verkürzt und fehlinterpretiert werden. Wie in der *Zeit online* von Anfang 2018 im Hinblick auf die Emotionalisierung und Pathologisierung des Themas Einsamkeit so treffend betont wurde:

> „Wer sich auf das Emotionale beschränkt, muss sich für das Gesellschaftlich-Strukturelle nicht rechtfertigen."

[114] Siehe Jakob Simmank: Einsamkeit – eine tückische Trenddiagnose, *Zeit online* (22.4.2018). https://www.zeit.de/wissen/gesundheit/2018-04/psychologie-einsamkeit-manfred-spitzer-gefuehl-krankheit-alleinsein-isolation/seite-2.

Einsamkeit entsteht und verbreitet sich nicht in einem Vakuum, sondern in einem konkreten sozio-politischen Kontext. Extremsituationen wie die politisch verordnete Isolation aufgrund des Corona-Virus bestärken gewisse soziale Zustände in unserer Gesellschaft, spitzten sie zum Teil dramatisch zu und gleichzeitig halten sie uns auch den Spiegel vor – den Spiegel vor, ob und wie wir Solidarität und Gemeinschaft in unserer Gesellschaft leben und pflegen.

Wenn *Resonanz* – in Anlehnung an Rosa (2016) verstanden als Stimmigkeit und Gleichklang mit anderen[115] – nicht mehr zwischen Menschen (Orten, Gegenständen und Tieren) stattfindet, vereinsamen Menschen zunehmend. Die Austauschforen, die gelebte Solidarität und emotionale Bindung ermöglichen, und zentral für den sozialen Wohlfahrtsstaat sind, müssen stärker institutionalisiert oder reaktiviert werden – von Straßenfesten, Gemeinschaftsnetzwerke über Mehr-Generationen-Wohnen.

Prekäre Arbeitsverhältnisse, zunehmende soziale Ungleichheiten, Polarisierung und Isolation, Leistungsgesellschaft sind in allen führenden Industrieländern wie Deutschland nicht Zufallsprodukte der postliberalen Wirtschaftsordnung – sie sind in den letzten Jahren und Jahrzehnten gewollt oder zumindest als Nebenschauplätze der offiziellen Politik wohlwollend in Kauf genommen wurden.
Wieweit wirtschaftliche Ungleichheiten nach COVID-19 zunehmen werden, kann ich nur vermuten. ILO, die internationale

[115] Der Soziologe Harmut Rosa beschreibt die Sehnsucht nach Resonanz sei es Liebesbeziehungen, der Familie, Freundschaften oder in politischen Prozessen. Basierend auf der Resonanz strebt Rosa eine Soziologie der Weltbeziehung an.

Arbeitsorganisation, und aktuelle Wirtschaftszahlen deuten eher auf eine dramatische und rasante Verschärfung der weltweiten existierenden Ungleichheiten hin[116].
Das ist auch einer der Gründe, warum der *Zusammenhang zwischen Armut und Einsamkeit* stärker im Vordergrund der wissenschaftlichen und politischen Auseinandersetzungen stehen sollte: Auch wenn je nach konsultierter Statistik die Zahlen variieren, soziale Armut in der Form von Kinderarmut, Obdachlosigkeit, Arbeitslosigkeit, prekären Arbeitsverhältnissen, ist in allen Gesellschaften eine zunehmende soziale Herausforderung. Alte, Alleinerziehende und vor allem Frauen bleiben von der sozialen Armut am stärksten betroffen.

In Ländern wie *Großbritannien* oder *Deutschland* ist in den letzten zwanzig Jahren eine *Armutsökonomie* entstanden. Angesichts sozialer Armut und Not werden sozialstaatliche Aufgaben zivilgesellschaftlich kompensiert und ausgelagert: Bedürftige werden in die Obhut und Abhängigkeit von Tafeln, Suppenküchen und freiwilligem Bürgerengagement (ab)delegiert. So seien die Tafeln in Deutschland – und ähnliche Modelle in Großbritannien und anderen Ländern – das

> „Seismograph für Armut in einem reichen Land sowie sozialer Ungleichheit und Ungerechtigkeit mitten unter uns." (Selke 2013)

Gleichzeitig kann man argumentieren, dass das soziale Engagement der Freiwilligen für die Bedürftigen ein *Wir-Gefühl* schafft

---

[116] Siehe ILO 2020: COVID-19 verschärft soziale und wirtschaftliche Ungleichheiten, https://www.ilo.org/berlin/presseinformationen/WCMS_740512/lang--de/index.htm.

(siehe auch Selke 2010). Politisch Verantwortliche bedienen dieses Wir-Gefühl der Freiwilligen und der Bedürftigen durch die faktische politische Legitimierung und Instrumentalisierung der Tafeln und des ehrenamtlichen Engagements (siehe auch ibid.). Hier wird in keiner Weise die Leistung der Freiwilligen in Abrede gestellt – im Gegenteil, ohne ihr beeindruckendes und großes Engagement wären die sozialen Ungleichheiten und Konflikte noch dringlicher und eventuell sogar gewalttätiger. Das Freiwilligenengagement ermöglicht reale soziale Begegnungen von und mit Menschen, die von Armut und sehr oft auch von Einsamkeit betroffen sind[117].

Kreative Antworten auf Einsamkeit

Viele bereits existierende Ideen zeigen, dass die Bekämpfung der chronischen Einsamkeit nicht primär eine Frage des Geldes ist. Entscheidend sind vielmehr der politische Willen, Kreativität, Offenheit, und das beherzten Engagement der Zivilgesellschaft und Privatwirtschaft. Hier drei weitere Beispiele von vielen:

Angesichts finanzieller Engpässe und staatlicher Sparmaßnahmen kam ein Altenheim in den *Niederlanden* 2012 auf die kreative Idee, ihre leerstehenden Zimmer kostenfrei an Student*innen zu vergeben: Student*innen leisten im Gegenzug 30 Stunden pro Monat Freiwilligendienst im Altenheim, d. h. sie erledigen Besorgungen, kümmern sich um ihre betagten Mitbewohner*innen und stellen somit den Kontakt zur Außenwelt her[118]. Diese Art

---

[117] Siehe dazu auch Interview mit dem Vorsitzenden des Bundesverbandes Tafel Deutschland e.V. im Domradio im Februar 2019 https://www.domradio.de/themen/soziales/2019-02-20/unser-klientel-ist- ein-seismograf-der-gesellschaft-tafeln-beklagen-ausgrenzung-durch-armut-der.

[118] Siehe auch Norbert Lübbers: Niederlande: Meine 92-jährige Mitbewohnerin, *Weltspiegel* (aktualisiert 16.7.2017), www.daserste.de/information/politik-weltgeschehen/weltspiegel/sendung/niederlande-meine-92-jaehrige-mitbewohnerin-100.html.

von Mehrgenerationen-WG kombiniert mit Freiwilligendienst haben andere Altenheime in den Niederlanden, Österreich, Finnland, Großbritannien[119] und Frankreich aufgegriffen. Sie zeigen innovative Zugänge auf, lösungsorientiert mit Einsamkeit angesichts staatlicher Sparmaßnahmen umzugehen.

In verschiedenen *deutschen* Städten sind in den letzten Jahren Altenheime und Kitas zusammengelegt worden[120]: Ältere bleiben durch den alltäglichen Kontakt mit Kindern geistig und körperlich aktiv. Der tägliche Austausch und das Zusammensein mit Kleinkindern bringen Abwechslung und Leben in das doch oft sonst sehr triste und öde Leben im Altersheim[121]. Für viele Kinder spielen die Senioren die Rolle der Ersatzgroßväter oder -mütter. Kleinkinder lernen einen wertschätzenden Umgang mit der älteren Generation auf eine spielerische Art und Weise. Gleichzeitig trägt das Zusammenleben von Älteren und (sehr) Jungen dazu bei, Themen wie Tod, Krankheit und eben auch Einsamkeit zu enttabuisieren und ihnen den Deckmantel von Scham zu nehmen.

---

[119] Siehe auch Students Hubs: The UK's First LinkAges Intergenerational Housing Project, Blog Cambridge Hub (29.6.2017), https://blog.cambridgehub.org/the-uks-first-linkages-intergenerational-housing-project-d5cbb901828b. Für eine kritischere Perspektive zum Thema Wohngemeinschaft von Jung und Alt siehe Nicola Slawson: I lived with an older person in return for cheap rent, but my chores quickly grew, The Guardian (3.3.2015).
[120] Siehe auch Verena Töpper und Benjamin Braden: „Hier dürfen wir lauter sein als im Kindergarten" , *Der Spiegel* (11.11.2017). und Andreas Fasel: Krankheiten und Tod sind für diese Kinder kein Tabu, Die Welt (19.8.2018).
[121] Für konkrete Beispiele aus Großbritannien und den USA siehe World Economic Forum: Amazing things happen when you open a kindergarten in a care home auf YouTube (16.3.2017) und Dokumentation auf dem englischen Fernsehsender Channel 4: *Old People's Home for 4 Year Olds* (Erstausstrahlung 25.7.2017).

In ganz Großbritannien und Irland gibt es seit vielen Jahren die sogenannten *men's sheds*[122] (wörtlich übersetzt „Männerhütten oder -schuppen")[123]. *Men's sheds* sind Freiwilligeninitiative und Gemeinschaftsprojekt in einem: Sie haben zum Ziel, die Einsamkeit und die soziale Isolation unter Männern zu reduzieren. Männer treffen sich in einem Gartenhaus, Fabrikraum oder in einer Hütte zusammen, um handwerklich zusammenarbeiten. Die gemeinsamen Projektideen und Aktivitäten reichen von Garten- und Naturarbeit, Holz- und Metallbearbeitung, Modellbau bis hin zu Fahrradreparaturen. Die Podcasts und konkreten Beispiele von den in ganz Großbritannien aktiven *men's sheds* machen deutlich, dass neben der gemeinsamen Arbeit, das Gespräch und der Austausch unter einander nicht zu kurz kommen[124].
Die Männer kommen aus ganz unterschiedlichen Milieus, Alters- und Berufsgruppen zusammen. Sehr oft profitieren Männer im Rentenalter von diesem Angebot: Die *sheds* geben ihnen eine sinnerfüllte Aufgabe und schaffen Verbindlichkeit, Kontakte und Gemeinschaft – für vielen geben diese Zusammenkünfte einen wichtigen emotionalen Halt, gerade wenn sie allein leben, und der Partner/die Partnerin bereits verstorben ist.
Die *men's sheds* gelten als eine sehr erfolgreiche Initiative – wohl auch, da das gemeinsame kreative Arbeiten an einem Projekt, soziale Nähe, Verbindlichkeit und Kontakt zu anderen schafft.
Wenn ich an meine Interviews mit Männern denke, kann mir gut vorstellen, warum diese Idee bei Männern sehr gut ankommt

[122] Siehe die entsprechende Webseite https://menssheds.org.uk.
[123] Die Idee der *men's sheds* kommt ursprünglich aus Australien.
[124] Für einen Einblick in die Bewegung siehe Podcasts auf www.mensheds.org.uk und YouTube-Videos unter den Stichworten "Men in Sheds-Age UK", https://youtu.be/xm-8GcLwvku8.

und erfolgreich Einsamkeit und Isolation bekämpft: Die Interviews haben gezeigt, dass es gerade älteren Männern schwer zu fallen scheint, über emotionale Probleme und Gefühle von Einsamkeit zu reden. Gemeinsame körperliche Arbeit schafft Vertrauen und Verbindung und, fasst nebenbei, die Möglichkeit, unkompliziert über persönliche Probleme und Herausforderungen, wie z.B. die eigene Einsamkeit, zu reden.
Alle diesen Formen von realen Begegnungen, die aufgrund von COVID-19 eingeschränkt oder gar nicht durchgeführt werden konnten, bleiben entscheidend, um eine *weitere gesellschaftliche Vereinsamung* aufzuhalten. Diese Art von praktizierter Nächstenliebe, Sozialarbeit und Nachbarschaftshilfe, die seit Jahrzehnten von Freiwilligen und Nachbarn geleistet worden sind, sind Formen der unbürokratischen Selbsthilfe, die vielleicht den betroffenen Einsamen am meisten helfen.

Gleichzeitig bleibt aber die offizielle Politik auf kommunaler und nationaler Ebene gefragt, kreative Antworten zu finden und gleichzeitig auch Politikentscheidungen der letzten Jahre und Jahrzehnte radikal zu hinterfragen. *Einsamkeit* und *Armut* bleiben *gesamtgesellschaftliche Aufgaben,* die sich nicht einem politischen Ressort zuordnen lassen. Die Bekämpfung der Einsamkeit obliegt allen Politikfeldern, wie der Familienpolitik, der Baupolitik, die Alten-/ Rentenpolitik, der Gesundheitspolitik und der Bildungspolitik. Hier hat die britische Regierung mit ihrem holistischen und ressortübergreifende Einsamkeitsstrategie einen möglichen politischen Weg skizziert, wie Einsamkeit als gesamtgesellschaftliche Aufgabe verstanden werden kann (siehe HM Government 2018).
Diese Aufgabe kann nur erfolgreich sein, wenn soziale Gerechtigkeit, psychisches Wohlergehen und Solidarität die politische

Zukunft (mit)schreiben und prekäre Arbeitsverhältnisse, sozialen Ungleichheiten, Polarisierung und materielle Leistungsorientierung der Vergangenheit angehören.

Einsamkeit und soziale Isolation als politische Prozesse

Viertens, die vorherigen Überlegungen aufgreifend und Orwells und Arendts Ideen weitergedacht bedeuten, dass Einsamkeit und soziale Isolation immer auch politische Prozesse sind: Sie schaffen die Grundlagen und der Nährboden für unfreie und totalitär-autoritäre Gesellschaften und Gemeinschaften sind. In Anlehnung an Arendt und Orwell sind wir eingeladen zu fragen, welche sozialen und politischen Bedingungen geschaffen werden, wenn Alleinsein nur begrenzt möglich ist, und Einsamkeit aufgrund von sozialer Isolation zunimmt.

Mit COVID-19 waren alle Gesellschaften weltweit mit Fragen von politisch auferlegter und verordneter sozialer Isolation konfrontiert. In verschiedenen Ländern konnten wir beobachten, wie Regierungen soziale Isolation für ihre politischen Interessen inszeniert und instrumentalisiert haben.

Ungeachtet der Warnungen von lokalen und internationalen Menschenrechtsorganisationen und der Vereinten Nationen[125] sind in vielen Ländern Menschenrechte weitergehend eingeschränkt worden.

Unter dem Deckmantel der Bekämpfung des Virus wurden in sehr vielen Ländern weitreichende Grundrechte ausgehebelt. In

[125] Für die Stellungnahme der Vereinten Nationen im März 2020 siehe UN High Commissioner for Human Rights: COVID-19: States should not abuse emergency measures to suppress human rights – *UN experts, United Nations Human Rights Office of the High Commissioner* (16.3.2020), https://www.ohchr.org/EN/NewsEvents/Pages/DisplayNews.aspx?NewsID=25722&LangID=E.

anderen Ländern, die schon vor dem Ausbruch mehr als zweifelshafte Menschenrechtsstandards und autoritäre Herrscher an der Macht hatten, wirken die politischen Maßnahmen aufgrund von COVID-19 wie ein Katalysator für weitere Einschränkungen der Grund- und Menschenrechte.
So spricht die Menschenrechtsorganisation *Human Rights Watch* von einem „Rezept für eine Diktatur“[126] in Kambodscha: So hat Premierministers Hun Sen es mit einer Notstandsgesetzgebung geschafft, die Versammlungs- und Redefreiheit bei Bedrohung der nationalen Sicherheit und öffentlichen Ordnung über die Corona-Krise hinaus einzuschränken. Damit erhalten die Behörden weitreichende Befugnisse, Menschen nach Gutdünken festzunehmen.
In Ungarn hat Präsident Orban die Corona-Notstandsituation genutzt, um weitreichende Bürger- und Menschenrechte außer Kraft zu setzen[127]: So hat sich Orban Ende März vom ungarischen Parlament umfassende Vollmachten geben lassen, um die Corona Virus-Krise zu bekämpfen. Der Rechtspopulist kann nun per Dekret regieren und den Notstand ohne Zustimmung des Parlaments nach seinem eigenen Ermessen verlängern.

Je länger COVID-19 den Alltag diktiert umso kontroverser, emotionaler und aggressiver wurden auch die Einschränkungen der Grund- und Freiheitsrechte in Deutschland diskutiert. In der

---

[126] Siehe Human Rights Watch: Cambodia: Emergency Bill Recipe for Dictatorship COVID-19 Crisis Pretext for Hun Sen to Seek Unlimited Powers, Go After Critics, *Human Rights Watch News* (2.4.2020). https://www.hrw.org/news/2020/04/02/cambodia-emergency-bill-recipe-dictatorship.

[127] Siehe Stephan Ozsvath: Corona in Ungarn Notstand im Schatten der Pandemie, *Deutschlandfunk Kultur* (7.4.2020), https://www.deutschlandfunkkultur.de/corona-in-ungarn-notstand-im-schatten-der-pandemie.979.de.html?dram:article_id=474144.

Endphase des Buches scheint Deutschland (und andere Nachbarländer auch) gespalten in zumindest zwei politische und mediale Lager:
auf der einen Seite eine unheilige Allianz von besorgten, existenzbedrohten und frustrierten Bürger*innen, Impfgegner*innen, Verschwörungstheoretiker*innen und AFD-Anhänger*innen, die die Einschränkungen als unverhältnismäßig und drakonisch bezeichnen und diktatorische Zustände befürchten. Eine „Bestrafungstaktik" würde dominieren, und die deutsche Wochenzeitschrift Der Spiegel titelt „Angst frisst Demokratie"[128].
Und dann gibt es das andere Lager, das Verweise auf diktatorische Zustände als „verantwortungslos" ansieht, da es mit Verweis auf „wirkliche Diktatoren" Demokratiegegner in die Hände spiele[129]. Verfassungsrechtlich wird durchaus kontrovers diskutiert, inwieweit die weitreichenden Einschränkungen der Grundrechte aufgrund von Corona in Deutschland verfassungskonform waren[130].

In gewisser Weise hat der Umgang mit der Pandemie existierende demokratische und politische Missstände zugespitzt und uns auf drastische Art und Weise vor Augen geführt: Einsamkeit und soziale Isolation als politische Prozesse zu begreifen, bedeutet auch, stärker das Erodieren von gelebter Demokratie und die zunehmenden sozialen und politischen Polarisierungen in unseren eigenen Gesellschaften im Blick zu haben.

---

[128] Jakob Augstein: Angst frisst Demokratie, *Der Spiegel* (8.4.2020).
[129] Siehe z. B. als ein prominentes Beispiel Autorin und Fernsehjournalistin Amelie Fried: *Amelie Fried zu Corona, Sonnenseite. Ökologische Kommunikation nach Franz Alt* (19.4.2020), https://www.sonnenseite.com/de/zukunft/amelie-fried-zu-corona.html.
[130] Siehe Daniela Turß: Corona und Zivilgesellschaft, Gesellschaft für Freiheitsrechte (9.4.2020), https://freiheitsrechte.org/corona-und-zivilgesellschaft/#versammlungsfreiheit.

Der staatliche Umgang mit dem Corona-Virus hat uns gezeigt, dass demokratische Freiheitsrechte nicht gegebene und selbstverständliche Rechte und Privilegien zum Nulltarif sind. Freiheits- und Menschenrechte müssen immer wieder eingefordert und erkämpft werden: Sie sind keine politischen Selbstzwecke, sondern immer in der Verantwortung für sozialen Ausgleich, Gerechtigkeit und Schutz für diskriminierte und marginalisierte Individuen und Gruppen zu sehen und anzuwenden.

Schaffen wir als Gesellschaft partizipative und lebendige Foren in Medien, Politik und Kultur aufzubauen und zu erhalten? Engagieren wir uns für interdisziplinäre und inklusive Institutionen, die im Sinne einer gelebten Demokratie ganz unterschiedliche Meinungen und Perspektiven widerspiegeln und fördern?

Die Pandemie, das Alleinsein und die Einsamkeit in diesem politischen Verständnis haben dann doch mehr gemeinsam als gedacht: Sie laden uns ein, über vermeintliche Selbstverständlichkeiten, Freiheiten und Rechte des Einzelnen und der Gemeinschaft, Solidarität und gelebter Demokratie neu und anders nachzudenken.

Angesichts der weltweiten Zunahme von fundamentalistischen, politischen und religiösen Strömungen, erscheint auch ein anderer Umgang mit Alleinsein und Einsamkeit das vermeintlich paradoxe Gebot der Stunde. Auf was warten wir?

Literatur

Alberti, Fay Bound 2019: A Biography of Loneliness: The History of an Emotion, Oxford: Oxford University Press.

Anderson, Terry 1994: Den of Lions: Memoirs of Seven Years, London: Hodder & Stoughton.

Arendt, Hannah 2016: Sokrates. Apologie der Pluralität (Eingeleitet von Matthias Bormuth und mit Erinnerungen von Jerome Kohn. Aus dem Englischen von Joachim Kalka), Berlin: Matthes und Seitz Berlin.

Arendt, Hannah 1998: Vom Leben des Geistes: Das Denken, Das Wollen, München: Piper.

Arendt, Hannah 1986: Elemente und Ursprünge totaler Herrschaft. Antisemitismus, Imperialismus, totale Herrschaft, München: Piper.

Arendt, Hannah 1976: Totalitarianism: Part Three of The Origins of Totalitarianism, San Diego/New York/London: Harcout, Inc.

Arendt, Hannah 1958: Freiheit und Politik, Die neue Rundschau (69/4): 670–694.

Asadie, Yasmin 2018: Hikikomori als kulturspezifisches Phänomen japanischer Familien. Masterthesis im Weiterbildungsstudiengang Angewandte Familienwissenschaften, Hamburg: Hochschule für Angewandte Wissenschaften Hamburg, http://edoc.sub.uni-hamburg.de/haw/volltexte/2018/4327/pdf/Asadie_Yasmin_MA_2018_07_11.pdf.

Bachmann, Maria 2019: Du weißt ja gar nicht, wie gut Du es hast. Von einer, die ausbrach, das Leben zu lieben, München: Knaur.

Backerra, Hendrik et al. 2007: Kreativitätstechniken: Kreative Prozesse anstoßen, Innovationen fördern, München: Carl Hanser Verlag.

Baer, Udo und Frick-Baer, Gabriele 2015: Kriegserbe in der Seele. Was Kindern und Enkeln der Kriegsgeneration wirklich hilft, Weinheim: Beltz.

Balzac, Honoré de 2009: Verlorene Illusionen (2. Auflage und übersetzt von Otto Flake). Mit einem Essay von Hans-Jörg Neuschäfer, Zürich: Diogenes.

Barth, Philipp 2016: Das Buch für Ideensucher – Denkanstöße, Inspirationen und Impulse für Kreative, Bonn: Rheinwerk Verlag.

Batchelor, Stephen 2020: The Art of Solitude, New Haven: Yale University Press.

Beauvoir, Simone de 1951: Das andere Geschlecht: Sitte und Sexus der Frau, Hamburg: Rowohlt.

Bernstein, Ethan S. und Turban, Stephen 2018: The impact of the 'open' workspace on human collaboration, Philosophical Transactions of the Royal Society B 373: 20170239, http://doi.org/10.1098/rstb.2017.0239

Bettelheim, Bruno 1971: Liebe allein genügt nicht, Stuttgart: Klett Verlag.

Bode, Sabine 2009: Kriegsenkel. Die Erben der vergessenen Generation, Stuttgart: Klett-Cotta.

Brown, Brené 2013: Verletzlichkeit macht stark: Wie wir unsere Schutzmechanismen aufgeben und innerlich reich werden, München: Kailash.

Brown, Brené 2012: Daring Greatly: How the Courage to Be Vulnerable Transforms the Way We Live, Love, Parent, and Lead, New York: Avery.

Buber, Martin 1978: Zweisprache, Gütersloh: Gütersloher Verlagshaus.

Cacioppo, John T., Cacioppo, Stephanie und Boomsma, Dorret I. 2014: Evolutionary mechanisms for loneliness, Cognition and Emotion (28:1): 3–21, https://www.tandfonline.com/doi/abs/10.1080/02699931.2013.837379.

Cacioppo, John T., und Hawkley, Louise C. 2009: Perceived Social Isolation and Cognition. Trends in Cognitive Sciences, 13: 447–454.

Cacioppo, John T. und Patrick, William 2008: Loneliness: Human nature and the need for social connection. New York: Norton.

Cacioppo, John T. et al. 2002: Loneliness and health: Potential mechanisms. Psychosomatic Medicine, 64(3): 407–417.

Clark, Charles 1989: Brainstorming: How to Create Successful Ideas, Chatsworth CA: Wilshire Book Company.

Csikszentmihalyi, Mihaly 2019: FLOW und Kreativität: Wie Sie Ihre Grenzen überwinden und das Unmögliche schaffen, Stuttgart: Klett-Cotta.

Dautel, Ingrid J. 2019: Ich hole mir mein Leben zurück: Was Kriegskinder, Nachkriegskinder und Kriegsenkel bewegt, Stuttgart: Klett-Cotta.

Department for Digital, Culture, Media and Sport 2019: Community Life Survey: Focus on Loneliness 2017-18 (17.1.2019), https://assets.publishing.service.gov.uk/government/uploads/system/uploads/attachment_data/file/771482/Community_Life_Survey_Focus_on_Loneliness_201718.pdf.

Derwahl, Freddy 2000: Eremiten. Die Abenteuer der Einsamkeit, München: Pattloch.

Deutsches Zentrum für Altersfragen (Hrsg.) 2014: Einsamkeit im Alter – im Themenspektrum von Wissenschaft und bürgerschaftlichem Engagement, https://www.dza.de/fileadmin/dza/pdf/Heft_01_2014_Januar_Februar_2014_gesamt_PW.pdf

DiJulio, Bianca et al. 2018: Loneliness and Social Isolation in the United States, the United Kingdom, and Japan: An International Survey, Kaiser Family Foundation (August), www.kff.org/report-section/loneliness-and-social-isolation-in-the-united-states-the-united-kingdom-and-japan-an-international-survey-introduction/.

Eggerue, Chidera 2018: What a Time to Be Alone: The Sunflower‘s Guide to Why You Are Already Enough, London: Quadrille Publishing.

Ernst, John M. und Cacioppo, John T. 1998: Lonely hearts: Psychological Perspectives on Loneliness, Applied Preventive Psychology (8): 1–22, https://isiarticles.com/bundles/Article/pre/pdf/60625.pdf.

Fromm Reichmann, Frieda 1959: Loneliness, Psychiatry (22:1): 1-15.

Gossens, Luc et al. 2015: The Genetics of Loneliness: Linking Evolutionary Theory to Genome-wide Genetics, Epigenetics, and Social Science, Perspectives on Psychological Science, 10(2): 213–226, https://www.researchgate.net/publication/275333868_The_Genetics_of_Loneliness_Linking_Evolutionary_Theory_to_Genome-Wide_Genetics_Epigenetics_and_Social_Science.

Griffin, Jo 2010: The Lonely Society? London: Mental Health Organisation.https://www.mentalhealth.org.uk/publications/the-lonely-society.

Grossmann, Karin und Grossmann, Klaus E. (Hrsg.) 2003: Bindung und menschliche Entwicklung John Bowlby, Mary Ainsworth und die Grundlagen der Bindungstheorie, Stuttgart: Klett-Cotta.

Hahn, Thomas 2020: 35 Jahre Einsamkeit, Süddeutsche Zeitung Plus (5.6.2020), https://www.sueddeutsche.de/panorama/japan-coronavirus-hikikomori-1.4925072?reduced=true.

Hakulinen, C. et al. 2018: Social isolation and loneliness as risk factors for myocardial infarction, stroke and mortality: UK Biobank cohort study of 479 054 men and women. Heart (104):1536–1542, https://heart.bmj.com/content/104/18/1536 .

Harris Interactive und Wahlverwandten e.V. 2015: Einsamkeit & Gemeinsamkeit in Deutschland, https://www.wahlverwandtschaften.org/images/dateien/downloads/Einsamkeit_in_Deutschland_2015-04-01final.pdf .

Herbst, Thorsten 2010: Die kindliche Einsamkeit wie sie entsteht, welche Konsequenzen sie hat ... und worin unsere Verantwortung besteht, Paderborn: Junfermann.

Hermann Hesse 1997: Der Steppenwolf (1927, 1. Auflage), Frankfurt am Main: Suhrkamp Verlag.

Holt-Lunstad, Juliane et al. 2010: Social Relationships and Mortality Risk: A Meta-analytic Review, PLOS Medicine 27/7, https://journals.plos.org/plosmedicine/article?id=10.1371/journal.pmed.1000316.

Hughes, Mary Elizabeth et al. 2004: A Short Scale for Measuring Loneliness in Large Surveys: Results From Two Population-Based Studies, Research on aging (26/6): 655–672, https://www.ncbi.nlm.nih.gov/pmc/articles/PMC2394670/.

Hunt, Melissa G. et al. 2018: No More FOMO: Limiting Social Media Decreases Loneliness and Depression, Journal of Social and Clinical Psychology (37/10): 751-768, https://doi.org/10.1521/jscp.2018.37.10.751.

Kafka, Franz 2008: Tagebücher: Band 2: 1912–1914 (Gesammelte Werke in der Fassung der Handschrift), Berlin: Fischer Verlag.

Klingsland, Jan 2018: Die Hirnforschung auf Buddhas Spuren: Wie Meditation das Gehirn und das Leben verändert, Weinheim: Beltz Verlag.

Knapp, Martin 2012: Mental health in an age of austerity, Evidence-Based Mental Health (15): 54-55, https://ebmh.bmj.com/content/15/3/54 .

Klinenberg, Eric 2013: Going Solo: The Extraordinary Rise and Surprising Appeal of Living Alone, New York: Gerald Duckworth & Co. Ltd.

HM Government 2018: A connected society. A strategy for tackling loneliness – laying the foundations for change, Department for Digital, Culture, Media and Sport (Oktober), https://www.gov.uk/government/publications/a-connected-society-a-strategy-for-tackling-loneliness.

Lang, Olivia: The Lonely City, Edinburgh: Canongate Books.

Larson, Reed W. 1997: The Emergence of Solitude as a Constructive Domain of Experience in Early Adolescene, Child Development (68/1): 80–93.

Lazare, Ben 2012: Loneliness in Philosophy, Psychology, and Literature. Bloomington: iUniverse.

LeBon de Beauvoir, Sylvie (Hrsg.) 1999: Simone de Beauvoir. Eine transatlantische Liebe: Briefe an Nelson Algren. 1947–1964, Hamburg: Rowohlt.

Leenen, Maria Anna 2006: Einsam und allein? Eremiten in Deutschland, Münster: Verlag Aschendorff.

Lohre, Matthias 2016: Das Erbe der Kriegsenkel: Was das Schweigen der Eltern mit uns macht, Gütersloh: Gütersloher Verlagshaus.

Long, Christopher R., und Averill, James R. 2003: Solitude: An exploration of benefits of being alone. Journal for the Theory of Social Behaviour (33/1): 21–44, https://doi.org/10.1111/1468-5914.00204.

Luhmann, Maike und Hawkley, Louise 2016: Age Differences in Loneliness From Late Adolescence to Oldest Old Age, Developmental Psychology (50/6): 943–959. https://www.researchgate.net/publication/296282660_Age_Differences_in_Loneliness_From_Late_Adolescence_to_Oldest_Old_Age.

MacCabe, James H. et al 2018: Artistic creativity and risk for schizophrenia, bipolar disorder and unipolar depression: a Swedish population-based case-control study and sib-pair analysis. The British Journal of Psychiatry (212/6): 370–376, https://doi.org/10.1192/bjp.2018.23.

Maitland, Sara 2014: How to Be Alone, London: Macmillan

Malagón-Amor, Ángeles et al. 2015: Hikikomori in Spain: A descriptive study. International Journal of Social Psychiatry (61/5): 475– 483, https://doi.org/10.1177/0020764014553003.

Marquard, Odo 1994: Skepsis und Zustimmung: Plädoyer für die Einsamkeitsfähigkeit, Stuttgart: Reclam.

May, Rollo 1983: The Discovery of Being: Writings in Existential Psychology, New York: WW Norton.

May, Rollo 1975: The Courage to Create, New York: WW Norton.

Menzel, Janett 2017: Über die Kunst, allein zu sein: Wie man Einsamkeit und Angst vor dem Alleinsein überwindet und sich nebenbei neu lieben lernt, Berlin: Independently published.

Meyer-Legrand, Ingrid 2018: Die Kraft der Kriegsenkel. Wie Kriegsenkel heute ihr biographisches Erbe erkennen und nutzen, Berlin: Europa Verlag.

Moore, Lane 2018: How to Be Alone: If You Want To, and Even If You Don‘t, New York: Atria Books.

Murphy Vivek H. 2020: Together: The Healing Power of Human Connection in a Sometimes Lonely World, New York: Harper Wave.

Nölke, Matthias 2015: Kreativitätstechniken. Freiburg: Haufe Lexware.

Orwell, George 2008: 1984, London: Penguin Books.

Osterloh, Lars 2010: Besinnung und Begeisterung. Das Studieren nach Wilhelm von Humboldts Bildungsbegriff, Denkströme. Journal der Sächsischen Akademie der Wissenschaften (Heft 5), http://www.denkstroeme.de/heft-5/s_53-67_osterloh.

Peplau, Letitia Anne und Perlman, Daniel (Hrsg.) 1982: Loneliness: A sourcebook of current theory, research, and therapy, New York: Wiley.

Pfingsten-Kleefeld, Heike 2019: Kriegsenkelgefühle. Kinder der Kriegskinder schreiben von Sehnsucht, Wut und Wagemut, Braunschweig: Worte & Leben.

Picasso, Pablo 1982: Über Kunst: Aus Gesprächen zwischen Picasso und seinen Freunden, Zürich: Diagones Verlag.

Ratner, Rebecca K. und Hamilton, Rebecca W. 2015: Inhibited from Bowling Alone, Journal of Consumer Research (42/2): 266–283, https://doi.org/10.1093/jcr/ucv012.

Reddemann, Luise 2015: Kriegskinder und Kriegsenkel in der Psychotherapie, Stuttgart: Klett-Cotta.

Ritscher, Rolf 2007: Soziale Arbeit: systemisch. Ein Konzept und seine Anwendung, Göttingen: Vandenhoeck & Ruprecht.

Roberts, Ulla 1998: Spuren der NS-Zeit im Leben der Kinder und Enkel, München: Kösel.

Rosa, Harmut 2016: Resonanz. Eine Soziologie der Weltbeziehung, Berlin Suhrkamp Verlag.

Roscher, Wilhelm Heinrich 2016: Ausführliches Lexikon der griechischen und römischen Mythologie. Band 1.1. (Nachdruck der Ausgabe von 1884), Nordenstedt: Hansebooks.

Rosenbach, Manfred (Hrsg.) 1993: Philosophische Schriften (Zweiter Band. 4. Auflage), Darmstadt: Wissenschaftliche Buchgesellschaft.

Russell, Daniel Wayne et al. 2012: Is loneliness the same as being alone? The Journal of Psychology Interdisciplinary and Applied 146 (1-2): 7–22.

Sartoriu, Mariela 2006: Die hohe Schule der Einsamkeit: Von der Kunst des Alleinseins, Gütersloh: Gütersloher Verlagshaus.

Sartre, Jean-Paul 1972: La Nausée, Paris: Editions Gallimard.

Schacht, Ulrike 2020: Gedanken von Hans Rusinek. Lob der Einsamkeit. Wir sind jetzt alle ein Bild von Edward Hopper, Deutschlandfunk Kultur (30. März 2020).

Schmidbauer, Wolfgang 2008: Er hat nie darüber geredet. Das Trauma des Krieges und die Folgen für die Familie, Stuttgart: Kreuz Verlag.

Schneider, Michael und Süss, Joachim (Hrsg.) 2015: Nebelkinder. Kriegsenkel treten aus dem Traumaschatten der Geschichte, Berlin: Europa-Verlag.

Schulze, Gerhard 2005: Die Erlebnisgesellschaft. Kultursoziologie der Gegenwart, Frankfurt: Campus.

Schweizerische Eidgenossenschaft. Bundesamt für Statistik 2019: Einsamkeitsgefühl in der ständigen Wohnbevölkerung ab 15 Jahren nach Migrationsstatus (19.8.2019) https://www.bfs.admin.ch/bfs/de/home/statistiken/bevoelkerung/migration-integration/integrationindikatoren/indikatoren/einsamkeitsgefuehl.html

Sedlmeier, Peter 2016: Die Kraft der Meditation: Was die Wissenschaft darüber weiß. Rowohlt e-book.

Selke, Stefan 2013: Schamland: Die Armut mitten unter uns, Berlin: Econ/Ullstein Buchverlage.

Selke, Stefan (Hrsg.) 2010: Kritik der Tafeln in Deutschland. Standortbestimmungen zu einem ambivalenten sozialen Phänomen, Wiesbaden Springer VS.

Senfft, Alexandra 2016: Der lange Schatten der Täter. Nachkommen stellen sich ihrer NS-Familiengeschichte, München: Piper.

Senge, Konstanze und Schützeichel, Rainer (Hrsg.) 1990: Hauptwerke der Emotionssoziologie, Springer VS: Wiesbaden.

Shankar, Aparna et al. 2011: Loneliness, Social Isolation, and Behavioral and Biological Health Indicators in Older Adults, Health Psychology (30/4): 377–385, https://doi.org/10.1037/a0022826.

Spitzer, Manfred 2018: Einsamkeit – die unerkannte Krankheit: schmerzhaft, ansteckend, tödlich, München: Droemer-Knaur Verlag.

Splendid Research 2019: Studie: Wie einsam fühlen sich die Deutschen? Eine repräsentative Umfrage unter 1.006 Deutschen zum Thema Einsamkeit, https://www.splendid-research.com/de/studie-einsamkeit.html.

Stendhal 1977: Über die Liebe. Aus dem Französischen und mit einer Einführung von Walter Hoyer, Frankfurt a. M.: Insel Verlag.

Steptoe, Andrew et al. 2004: Loneliness and neuroendocrine, cardiovascular, and inflammatory stress responses in middle-aged men and women, Psychoneuroendocrinology (29/5): 593–611, https://www.sciencedirect.com/science/article/abs/pii/S0306453003000866?via%3Dihub.

Stoiser, Claudia 2013: „Es lebe die Einsamkeit!“: Alleinsein, Einsamkeit und soziale Isolation literarischer Figuren in ausgewählten Texten der Neueren Deutschen Literatur, Hamburg: Diplomica Verlag.

Stuppner, Ivan 2013: Die Metamorphose der Einsamkeit zum Dialog: Ein möglicher Denkweg zwischen zwischen Martin Buber und Emmanuel Lévinas, Baden-Baden: Tectum.

Süss, Joachim 2017: Die entschlossene Generation. Kriegsenkel verändern Deutschland, Europa-Verlag.

Sutin, Angelina R. et al. 2018: Loneliness and Risk of Dementia, The Journals of Gerontology: Series B, gby112, https://doi.org/10.1093/geronb/gby112.

Svendsen, Lars 2017: Philosophy of Loneliness, London: Reaktion Books.

Szymenderski, Peggy 1990: „Ulrich Beck und Elisabeth Beck-Gernsheim. Das ganz normale Chaos der Liebe“, in Konstanze Senge K. und Rainer Schützeichel (Hrsg.), Hauptwerke der Emotionssoziologie, Springer VS: Wiesbaden.

Tamcke, Martin 2010: Tolstojs Religion. Eine spirituelle Biographie, Berlin: Insel Verlag.

Thoreau, Henry David 2015: Walden: oder Leben in den Wäldern, Zürich: Diogenes.

Umberson, Debra, und Jennifer Karas Montez 2010: Social relationships and health: a flashpoint for health policy, Journal of health and social behavior (51): 54–66, https://doi.org/10.1177/0022146510383501.

Ustorf, Anne-Eva 2008: Wir Kinder der Kriegskinder. Die Generation im Schatten des Zweiten Weltkriegs, Freiburg: Herder.

Valtorta, Nicole K. et al. 2016: Loneliness and social isolation as risk factors for coronary heart disease and stroke: systematic review and meta-analysis of longitudinal observational studies, Heart (102): 1009–1016, https://heart.bmj.com/content/102/13/1009.

Vincent, David 2020: A History of Loneliness. Cambridge: Polity Press.

Wagner, Ursula M. 2011: Die Kunst des Alleinseins, Berlin: Theseus.

Wilson, T.D. et al. 2014: Just think: The challenges of the disengaged mind, Science 345, July 4 (6192): 75–77.

Winnicott, D.W. 1958: The capacity to be alone, International Journal of Psycho-Analysis, 39: 416-420, http://icpla.edu/wp-content/uploads/2012/10/Winnicott-D.-The-Capacity-to-be-Alone.pdf.

Winnicott, D.W. 1956: Playing and Reality, London: Tavistock.

Wittler, Kathrin 2013: Einsamkeit Ein literarisches Gefühl im 18. Jahrhundert, Deutsche Vierteljahrsschrift für Literaturwissenschaft und Geistesgeschichte (Juni) 87/2: 186–216.

Wolf, Ursula (Hrsg.) 1994: Aristoteles. Politik, Hamburg: Rowohlt.

Wollschlaeger, Bernd 2017: Ich bin Jude aus dem Herzen. Wie ich die Nazi-Vergangenheit meines Vaters bewältigte, Berlin: Europa-Verlag.

Wüstel, Jens- Michael 2017: Traumakinder: Warum der Krieg immer noch in unseren Seelen wirkt, Köln: Bastei Lübbe AG.